公務員はいまスグ
投資
をしなさい!!

教育家・投資家
脱公務員大家 著
（土肥孝行）

プラチナ出版

はじめに

数ある書籍の中で本著を手にとっていただいたあなたは、ズバリ公務員の方ですね。そして、公務員の中でも現状に疑問をもち、何かしらの変化を心のどこかで所望していた方だと思います。それはとても大事な気づきです。

私がこの本でお伝えしたいこと、それは、この不安的な現代社会を乗り越えるためには**「公務員こそ今すぐ投資をするべき」**ということです。

皆さん、ご存じのとおり、新型コロナウイルスの感染拡大は世界を大混乱に陥れました。日本でも多くの業界がダメージを受けています。

厚生労働省の調べによれば、2020年1月末から2021年2月26日までに解雇や雇い止めなどで、仕事を失った人は見込みも含めて9万人を超えているそうです。このデータは全国のハローワークなどで把握できた人数であるため、実際に仕事を失った人の数はさらに多いとみられています。

くわえて警察庁と厚生労働省の発表では、2020年の自殺者数は2万919人。これは2019年に比べて750人（3・7％増）増えており、リーマン・ショック直後の2009年以来11年ぶりに増加しました。原因は「新型コロナの影響により、仕事や生活が不安定になり、経済的な悩みや不安感が影響を与えた」と言われています。

このような状況の中で「公務員でよかった」「安定がやっぱり一番」と思っていませんか？それは、間違った考え方です。今の危機は乗り越えられていても、先々にも危機は待ち受けています。「公務員＝生涯安定」とあぐらをかいていると必ず足元をすくわれます。

童話の「ウサギとカメ」を思い出してください。怠け者のウサギはコツコツあきらめずに道を進んでいくカメに最終的に抜かされてしまいます。危機感を感じている時こそ、人は大きく成長するものです。

公務員の皆さんの未来を、国は地方自治体は保証してくれるのでしょうか。そんなことはありません。公務員の多くは安定という鎖に縛られて思考が停止しているせいで、本当の意味で経済的に自立できずにいます。

今、安定志向の上を目指して投資について真剣に学んでいかないと、「あの時しっかり勉強しておけば……」と将来後悔するでしょう。

変化を恐れてはいけません。
この激動の時代においては、変化しないことこそ最大のリスクなのです。

コロナ禍の中で、自分の人生において最も大切なものは何かを誰もが真剣に考えたことでしょう。本当に自分のやりたいことをやろうと思ったときに、経済的な自立が大きく背中を押してくれます。そのために投資が必要不可欠なのです。

私は「脱公務員大家」と名乗り、不動産投資の書籍も執筆していますが、不動産投資だけを行ってきたわけではありません。ファイナンシャルプランナーの資格も持っておりこれまで資産運用として投資全般に取り組んできた内容を踏まえ、公務員である皆さんにオススメの投資を本書の中でお伝えしていきます。

「資産運用や投資は怖い」「種類が多すぎてよくわからない」と思われた方、正しく学べば恐怖から解放されます。本書は投資の〝と〟の字も知らない方にも理解できるよう優しい内容にしました。目指すのは、会社や職場に左右されないお金を持ち、人生に本当の意味での安定をもたらすこと。

本書が公務員の皆さんの人生が変わるきっかけになれば、幸いです。

目次

はじめに …… i

序章

公務員をしながら投資家デビュー

父と同じ公務員の道へ …… 2
投資を始めてはみたものの…… …… 5
変化を迎えた社会人3年目と5年目 …… 7
年収400万円、28歳で不動産投資への活動開始！ …… 10
危機感を覚えた大きな転機 …… 14
大切なのは「腹の底から理解すること」 …… 18

目　次

第1章　公務員は一生安泰ではない！

そこまで安定していないし高給取りでもない……22
「リストラされない」なんて、そんなの都市伝説！……25
クビになっている公務員は意外と多い……28
手厚い公務員年金はすでに過去の話……30
そもそも公務員になりたい人が減っている現実……35
まとめ……37

第2章　まずは現状把握から

家計の見直しは源泉徴収票のチェックから！……40
チェック1　そもそも源泉徴収って何？……40
チェック2　源泉徴収票の見方……42
チェック3　所得税の計算方法……46
チェック4　所得控除を把握……50

チェック5 住民税はどうなっている？ 53
チェック6 公務員特有の社会保険 54
人生の「三大支出」を考えよう 56
「住宅資金」はどう考える？ 57
必ず準備が必要な「教育資金」 62
「老後資金」は2000万円不足!? 64
「定年後も働くべき！」に、物申す 67
まとめ 69

第3章 家計を改善してお金を貯めよう

ライフプラン表を作成しよう 72
❶ 家族構成 72
❷ ライフイベント一覧 72
❸ 世帯収入 73
❹ 支出 74

目　次

❺ 年間収支 …… 74
❻ 貯蓄額 …… 74
❼ 記入漏れを確認 …… 75
❽ バランスチェック …… 75
家計の見直し……支出の洗い出しをしてみよう …… 77
不必要な保険はないか見直し …… 81
給与天引きの財形貯蓄制度、互助会の貯蓄制度を活用 …… 86
まとめ …… 88

第4章 お金を殖やすには投資が必須

長期にわたる資産形成の必要性 …… 90
預金ではお金は殖えない …… 93
お金を殖やすためには「運用＝投資」が必須 …… 96
複利の効果でよりお金を殖やす …… 98
投資でチェックすべきはリスクとリターン …… 101

大事なのは「ほったらかし」できること……105
リスク・リターンに幅を持たせ、複数投資を組み合わせる……112
まとめ……114
◆少額投資非課税制度「NISA」と「iDeCo」どっちがいいの？……115

第5章

公務員に最適な投資とは

不動産投資とはどんな投資なのか？……120
不動産投資は、公務員に最適な投資……122
不動産投資の優位性とは？……125
メリット① 安定収入が得られる……125
メリット② インフレに強い……127
メリット③ 外注化の仕組みが整っている……128
メリット④ 土地の価値はゼロにならない……129
メリット⑤ レバレッジが効かせられる……129

目次

知っておきたい不動産投資のデメリット……131
デメリット① 空室における収益減……131
デメリット② 家賃滞納・孤独死など入居者トラブル……132
デメリット③ 地震・台風などの被害を受ける……133
デメリット④ 高額な修繕費の負担……133
デメリット⑤ 金利上昇リスク……135
不動産投資にはさまざまな選択肢がある……136
私が実践する負けない不動産投資法……143
不動産投資を成功させるための大原則……145
原則① 割安な土地を仕入れる……145
原則② コストパフォーマンスの良い建築会社で建てる……147
売却しても利益が出る！……150
不動産投資で失敗しないために……153
副業規定に反しない方法はコレ！……158
まとめ……164
◆悪質なデート商法も……新築区分マンションの甘い罠……165
◆親が地主なら要注意！ 相続税対策の新築アパートに手を出すな……170

第6章

公務員座談会

参加者　脱公務員大家　36歳（元教員、東京都に勤務）
Sさん　36歳（国家公務員、霞が関勤務）
Yさん　52歳（地方公務員、市役所勤務）
Kさん　42歳（自衛官、現在の勤務地は大阪）

公務員はホワイトでなくブラック!?……177
不動産・株式・民泊……副業・投資の種類はさまざま……179
自己投資で得られるものとは?……184
副業・投資は「お金儲け」だけではない……187
目標を達成して公務員を卒業……189
必要なのは視野を広げること　何もしないリスクもある!……191
◆今、話題の「FIRE」!?　セミリタイヤ後の私の生活……193

おわりに……198

書籍購入者特典……201

マンガ・イラスト○いぢち　ひろゆき

本文装丁デザイン○井関ななえ

序章

公務員をしながら投資家デビュー

父と同じ公務員の道へ

はじめに私の生い立ちを少し話させてください。投資に関する具体的な話は第1章以降になりますので、興味のない方は読み飛ばしていただいて結構です。

私は福井県の片田舎に、ひとりっ子として生まれました。父は地方公務員の役所勤め、母は専業主婦という一般的な中流家庭です。

幼いころから父に「お前も公務員になれ」と口酸っぱく言われて育ちました。公務員は民間企業と違って安定しており、リストラに怯える必要もない……というのが理由でした。

中学と高校時代は好きな野球に明け暮れました。そんな私が大学進学を目前に自分の将来を考えなければならなくなったときも、両親の気持ちは変わることなく、公務員になって自分と同じ地元の役所に就職してほしかったようです。しかし、私は親が望んだレールの上を走るのが嫌でした。

私は昔から子どもが好きでした。

次の世代を担う教育に携わりたい想いが募り、教員になろうと決めました。しかも地元ではなく、東京の大学に進学して教員免許を取ろうと思ったのは、両親の期待に応えつつも私なりのささやかな抵抗だったのです。

卒業が近づくと、日本の中心である東京でいろいろな知見を広げたくなった私は、東京の小学校を希望して教員採用試験を受けます。そして無事に合格し、晴れて東京都の小学校教諭として社会人の第一歩を踏み出しました。

私の性格は幼少期から負けず嫌いで行動的なタイプ。「何もしないより、失敗してもいいからまずやってみよう」という精神は後に投資でも生きてくるのですが、いざお金に関しては父の影響で、日本人によくありがちな**「お金に執着するのはよくない」「借金＝悪」「慎ましく堅実に生きる」**イメージを私自身も抱いていました。

社会人になると**「公務員＝安定」**と周りからもてはやされ、ますますお金のことは考えなくなりました。

また教員は、他の公務員と違い「教職調整手当」が俸給の月額４％付く代わりに、いくら残業したところで給与に反映されないのです。労働の対価としてお金に執着していたら、とても務まるものではありません。

私を含め、教職という仕事に就いていると、子どもたちの人生に携わる非常に意義の高い職業ゆえ、ある種の使命感で突き動かされている方が多いように感じます。もちろん、この考えが尊いものであるのは事実ですが、その反面で自分や家族を犠牲にしてしまう危険な側面もあるのです。

実際、仕事に時間が割かれるあまり家庭が崩壊したり、定年後のお金のことで困っている方が多くいらっしゃいます。

まずは自分や、基盤となる家族が幸せでなければ、どうして生徒や周りの人を幸せにすることができるでしょうか。

私自身、教師になった1〜2年目の新米のころは仕事に慣れていないこともあり、授業の準備や初任者としての研修、それに校務分掌といった学校から与えられる業務をこなすのに精いっぱいでした。

平日は夜10時過ぎまで、土日も関係なく学校で働き詰めが日常化しており、公私でいったら「私」がまったくない状況です。本当に寝るためだけに帰宅する生活を送っていました。

これではいけないと漠然とした不安を抱き、たいした知識もないまま投資を始めたのもこのころでした。

投資を始めてはみたものの……

最初はネット検索をして、最上位でヒットした株式投資にチャレンジしました。

詳しくは後述しますが、公務員として働きながら投資を行うのに時間と労をかけてはいけません。本業にも支障をきたしかねず、「職務専念」の義務にも反してしまいます。当時私は投資について考える前に「財形貯蓄」、つまり給料から天引きや積み立て型の保険に入っていたので、そこでの資産運用が基礎となっていました。

始めるにあたり、初心者用の本でテクニカル分析や、ファンダメンタル分析など最低限の勉強だけしかしておらず、時流に乗って少しばかり儲けられたものの、仕事中もずっと値動きが気になって、本業に身が入りませんでした。結果、トータルで見たら失敗です。

短期売買のスタイルだったので、「これは本気で勉強して、しっかり時間を費やさなければ勝てない投資だ」と悟り、株から距離を置きました。

同じタイミングでＦＸも始めたのですが、株と同じく値動きが激しいため、日常生活のなかで時間を工面できなければ儲けられないと気づきました。株とＦＸに手を出すのは時期尚早だったと反省しています。

株やFXでうまくいかないと気づき、「それなら何がいいんだろう」と思案していたところ、ちょうど結婚のタイミングで自宅（新築の区分マンション）を購入しました。

新築の区分マンションは投資としては避けるべき選択肢ですが、物件の中でモデルルームとなっていた安い1戸を買ったので大きな損失はなく、最終的には買った時より高値で売却することができました。ちなみに、購入した部屋を賃貸に出したらいくらで貸せるか聞いたのですが、そのとき「**自分の住んでいる物件を他人に貸して、収入を得ることもできるんだ**」と理解できました。

さかのぼれば、私の祖父もアパート経営をしていました。それまであまり意識していませんでしたが、身近に不動産投資をしていた親族がいた背景もあり、自然に私も不動産賃貸業の勉強をするようになったのです。

ただ当時は、本当に何もわかりませんでした。本を何冊か読んだ後、ネット上で3万円の電子教材を見つけました。

今でこそ自己投資の重要性を理解して躊躇なくお金をつぎ込みますが、当時は「うわっ、3万円もするんだ！」と、震えながら購入ボタンを押したのを覚えています。気合を入れて購入したことで、真剣に学んで成果を出さなくてはと身が引き締まったものです。

変化を迎えた社会人3年目と5年目

投資の勉強をしつつ本業はというと、徐々にですが仕事に慣れていき、働き方にも変化が起きました。

1つ目の変化の理由は、教員になって3年目に入ってきた「後輩」の存在です。

その後輩は教員になって1年目であるにもかかわらず、帰宅をするのが異常に早く、最低限の仕事だけをして残業はしない……まさに今の働き方改革の走りといえるでしょう。

彼の姿を見て我が身を振り返ると、「とりあえず長時間仕事をするのが偉い」と自分に酔っていた部分もあったと気づかされました。それまでの私は放課後の教室で仮眠をとったり、職員室でお菓子を食べながら他の先生と雑談することもありましたが、それらは生産性の低い無駄な時間でした。

これを機に、私も盲目的に仕事をするのではなく、プライベートの時間もしっかり取ろうと改めました。子どもたちのために身を削ろうとすれば際限がないので、自分のなかである程度の線引きをし、集中すべき時間を絞るようにしたのです。

この取り組み方の変化は後に私が家族をもったとき、くわえて投資においては、大いにプラスに働きます。

当たり前ですが1日の中で使える時間は限られています。独身時代の仕事だけに時間を使えていたころとは違い、家族に費やす時間、投資に費やす時間を、同じ1日の中で作り出していかなければなりません。

そのため5分あればできること、10分あればできることを事前に自分の中で仕分けしておき、それを通勤時間や、ふと生まれたすき間時間も無駄にせず活用し、ライフスタイルの変化に対応していきました。

2つ目の変化の理由は、教員5年目でした「結婚」です。

前にも述べたように、そもそも私は公務員の家庭で生まれ育ちましたので、お金に対してポジティブなイメージはありませんでした。端的にいうと、お金に無頓着だったわけです。それは教員になってからも変わらず、「公務員だから将来は安泰だね」と周りもチヤホヤしてくれたので、「もうお金の心配はないんだ」と信じ込んでいたのです。しかも、私はお金を散財するタイプではないため、贅沢をせず普通の生活が送れたらいいと考えていました。

ただ、結婚を機に妻が仕事を辞めたので、私ひとりの肩に経済的な責任がのしかかります。私も妻もひとりっ子だったこともあり、「子どもは3人くらい欲しいね」という話をしていました。しかし、仮に家族が5人になった場合、とうてい私の収入だけで食べさせていける自信はありません。漠然とした不安を抱えたままではいけないと、お金に関する勉強を少しずつしていき、ファイナンシャルプランナーの資格も取得しました。

自分でライフプランを作成してみると、将来にわたって足りない金額があらわになり、これまでの趣味程度の投資ではなく、本格的に資産運用としての投資を考えるようになったのです。

年収400万円、28歳で不動産投資への活動開始！

当時の私の年収は４００万円程度だったのですが、持ち前の「とりあえず行動しなければ」精神で、気がつけばインターネットから2億円超の新築物件情報を見つけました。

その資料を持って、無謀にも物件近くの縁もゆかりもない金融機関へノンアポで赴き、「融資してください！」と打診する暴挙に出ました。

それまでお付き合いがあったわけでもなく、ただ物件の近くにある銀行へ飛び込んだのですが、勢いだけで、何とも計画性のないものでした（苦笑）。

銀行員の方は、「この人は何もわかっていないんだろうな……」と気づきながらも邪険にせず、苦笑いで対応してくれたのがせめてもの救いでした。そして、「もしも何部屋か空室が出た場合は、お給料から補てんできますか？」など、諭すように説いてくれたものです。

そうした恥ずかしいデビューの次は、きっと多くの方もやられたであろう「不動産投資」とネット検索をしたとき広告で上位にヒットする、某有名新築アパート販売メーカーへアポをとりました。

話をとりあえず聞いてみようと臨んだ私に対し、担当者は、「今なら自己資金ゼロで年間100万円の収入が残るオススメ物件がありますよ。ただ、同時進行で別のお客様にも紹介しているところです。今すぐ決めていただけたら何とか押さえます！　さあ、どうしますか？」と露骨な営業トークを始めるのです。

私は少し悩んだふりをしてお断りしました。何の根拠もなく投資をするのは避けたかったからです。その会社は、後に顧客の預金改ざんで行政処分を受けることになりますので私の判断は正解でした。

また、職場によくかかってきたのが新築の区分マンションの営業電話です。それまでは無視していましたが、その業者にも一度会ってみることにしました。この手の営業には決まり文句があって、「節税になる」「生命保険代わりになる」「老後の資産になる」という内容です。

後述しますが、新築区分マンションは業者の利益がたんまり乗っている最も買ってはいけない物件です。節税になるとは、すなわち「赤字物件です」と公言しているようなものですね。

それほど良い物件ならば、どうして営業マン自身が買わないのでしょうか。しかし、この手法で買わされてしまう人が多いのも事実です。

そうした経験をするにつれ不動産投資については勉強していたものの、「この投資で本当に大丈夫なのかな」と臆病になる時期もありました。

それでも何とか行動を続けていたのですが、妻はもちろんのこと両親にまで不動産投資を反対され、徐々に意欲が落ちていったのです。

私の場合は公務員とはいえ、年齢も若く年収や自己資金が低かったので融資でも苦戦しました。不動産会社の担当者も私より属性の良い人を優遇するため、冷たくあしらわれることが多々ありました。

そうした期間が2年ほど続きます。厳しい反応ばかりでしたが、「絶対に形になるまではやめない」と強く誓い、行動だけは続けたのです。

あきらめないで継続したせいか、徐々に人脈と知識と経験が蓄積されていきました。

家族の説得のために物件見学会へ連れて行くこともありました。父親には物件見学へ行ったあとに収支計画を見せて、相続税を含めた数値等のメリットを説明した結果、納得してもらえました。その際に効果的だったのは事業計画書です。男性はやはり論理的に物事を考える傾向にあるため、そうした資料が役に立ちました。

一方で妻に対しては〝キラキラ〟した見た目もカワイイ物件の見学に行ったり、旅行など家族サービスで還元したりするのも有効でした。特に妻は、家に興味があったようです。そうして徐々に不動産投資に対しての印象が変わっていきました。

いずれにせよ、**「還元する」精神が重要です**。時間はかかったものの、家族の同意なしで始められませんし、特に家族を巻き込む不動産投資ではそれが大事です。

それでも最初のころは、「その物件を買っても大丈夫なの？」と家族から聞かれたときに、確固とした根拠が答えられませんでした。むしろ、あたふたしているので心配させてしまいました。

状況を改善して、家族を納得させるだけの説明ができるようになるまで1年ほどを要しましたが、結果として当初は反対していた両親や妻も、そのうちサポートしてくれるようになりました。こうして私は公務員の副業問題も、父親と妻を社長にしたことで解決しました（この手法については第5章にて解説します）。

危機感を覚えた大きな転機

そのような生活をしている私に、やがて大きな転機が訪れます。それは7年目の「異動」です。

私にとっては初めての体験ですが、以前から希望していた特別支援学級へ異動しました。知的障害や発達障害の子どもたちを教育する学級です。通常クラスの約1割は特別支援が必要なお子さんと言われていて、その割合は徐々に増えてきています。私が最初に担当していたクラスにもいたので、そうした子どもたちの教育にもっと携わりたいと望んだのです。

特別支援クラスの子どもたちは、こちらの言うことを理解できなかったり、突発的な行動をしてしまったり、対人関係がうまくいかずコミュニケーションがとれなかったり、ある一定の分野だけの学習障害、たとえば漢字だけ読み書きが不得手だったり……という状況が見られました。

通常クラスの児童の40名に対して、私が配属された特別支援学級の児童は1～6年生まで24名ほどでした。これを3人の担当教員で見守る体制で一見手厚く見えますが、情緒的なコントロールが難しい児童もいたので、3人とはいえギリギリの人数でした。

しかも、実際には教員3人のうち1人が病休に入っていて、新学期から復帰する予定だったのが叶わない状況でした。着任当初から「このままで大丈夫だろうか……」と不安に苛まれました。

私のパートナーとなった先生は50代のベテランの方でしたが、特別支援学級は3年目で現場をそれほど知らない者同士でした。結果、その先生もかなり責任を感じて無理をされていたようで1学期の途中から体調を崩されてしまいます。

夏休みには、運動会や学習発表会をはじめとする2学期の準備、プールの当番、研修など忙しい日々を送りました。知らない人も多いようですが、教員は夏休みもなかなか休めません。それを人数が減った分まで、私ひとりで引き受けることになったのです。

そもそも教育業界内のよくある話として、精神的に追い詰められて休む、あるいは辞めてしまう教員は多いものです。私が実際に経験したこともそうですし、たとえ仕事がバリバリできて人望の厚いベテランの教諭でも、ある日突然、精神的に追い詰められ現場を離れてしまうケースを度々目にしてきました。

私も特別支援クラスを受けもつにあたり、本来、３人の教員で担当する予定だったところ、20人以上の生徒を私ひとりで担任しなければならなくなりました。これは大ピンチです。ただでさえ、初めての異動で慣れないことばかり。日々プレッシャーに押しつぶされそうになりました。

それでも生徒や親御さんを前に不安をあらわにはできません。元気に自信満々な表情で「大変な状況ではありますが、これを乗り越えると大きなチャンスに変わるはずです。きっと子どもたちも乗り越えてくれると信じています！」と、そう親御さんたちを前に堂々と話しました。

しかし、実際はまったく余裕がない状況で、あまりに多忙を極めたため、今振り返っても当時の記憶がほとんどないほどです。途中からサポートしてくださる人を配置してくれましたが、私が主担当であるのは変わりなく、業務やプレッシャーが激減することはありませんでした。

そのうち、学校に行く時間になると吐き気に襲われたり、食欲がなくなり、あまり寝られなくなったりと心身ともにボロボロになりながら、やっとの思いで1年をやり遂げました。

このような激務に追われた1年が経過した後で健康診断を受けたところ、人生で初めて「要再検査」の結果が出ました。くわしく調べてみると「ストレス性の胃潰瘍」でした。なんと胃に穴が空いていたのです。

前述したとおり、私はこの異動の前年に結婚をしており、子どもの誕生と激務が重なりました。「このまま働いていたら、いつ倒れてもおかしくない」「しかし、働けなくなったら家族を養えなくなる」と、完全に追い込まれることになります。

そのときに改めて、「公務員は安定しているように見えるけれど、実際は辞めていく人がたくさんいて心もとない。何かあっても国が守ってくれるわけではないから、自分自身で対策を打たないとリスクがあまりにも高い」と痛感しました。

大切なのは「腹の底から理解すること」

現状の危機感に気づくだけでは、そのために起こす行動の意志が弱く、長続きしないと実体験を通してわかりました。

私の場合は胃潰瘍を機に、**働けなくなる危機感を腹の底から理解することで本当のモチベーションが沸き起こったのです。**

以前、アメリカの医師であり作家のスペンサー・ジョンソン著『チーズはどこへ消えた』（扶桑社）が話題になりましたが、その本に「自分の現状ではなくて新しいところに、不安だけど乗り込んでいったほうが生き延びる可能性が高い」と書かれていました。

ここで改めて「今すぐ行動を起こしたほうがリスクは少なくて済む。むしろ何もしないことが本当のリスクである」と腹落ちしてからの行動は明らかに変わりました。

その結果、２年間買えなかったのがウソのように、物件を買い進めることができるようになりました。

読者の方の中にも、投資に興味があり勉強してきたものの何かしらの言い訳をして行動に移せなかった、もしくは行動したけどすぐにあきらめてしまった経験がある方がいらっしゃるのではないでしょうか。

現状からの脱却の重要性を腹の底から理解するのは、私のような壮絶な経験をしないと難しいのかもしれません。

しかし、いざ事が起きてからでは遅いのです。現状を変えたいと思っている方は、腹落ちするまで繰り返し自らに問いかけてみてください。

今もし働けなくなった時の準備はできていますか。
自分や自分の家族は守れますか。

第1章

公務員は一生安泰ではない！

そこまで安定していないし高給取りでもない

安定した職業といえば、まず公務員を思い浮かべる人も多いでしょう。

たしかに公務員の立場は安定的ですが、世間一般が思うような高給取りではありません。そのようなイメージを抱かれるのは、マスコミで報道される公務員の平均年収が高いからでしょう。

もちろん、なかには高給の人もいますが、それは公務員の年齢構成が大きく影響しており、平均給与＝公務員全員が得ている給与ではないのです。それというのも公務員の世界では、基本的に年功序列の給与形態となっています。ですから年配職員の比率が高ければ、平均年収も高くなるのです。

結果として表向きの平均給与が高くても、実際には年齢が若ければ給与は低く、業種によっては民間企業に比べて、かなり低いケースもあります。

そもそも公務員には営業成績といった考え方がありませんし、インセンティブ制度もなければ、上司と交渉して給与を上げてもらうことも不可能です。

また、公務員の仕事は業績を競う性質ではないため、年齢が上というだけで出世できるケースも多いです。そのため理不尽な上司の指示にグッと耐えながら働いている若い人も少なくありません。

とくに、20～30代の採用が多かった我々世代は、役職が上になるほどポストも減りますから、なかなか昇進できない現実があります。

くわえて言えば、どれだけ頑張っても報われない側面があります。

たとえば学校の教員であれば、授業以外の行事への取り組みや部活の顧問、ニュースでも話題になっている「モンスターペアレント」への対応も「当然」とみなされます。さらに放課後、生徒が問題を起こしたりトラブルに巻き込まれたりすれば、教員は必死で動きますが、それは給与にはまったく反映されません。

役所など地方自治体に勤める職員でも、部署によって定時で帰れるところもあれば、帰宅が連日深夜になるケースもあります。特に官庁に勤める国家公務員は、夜通し働くような激務も珍しくありません。自衛官、警察官や消防官などは昼も夜もなく働いています。

外から見れば公務員は決して倒産することがなくクビにもならない、成績を上げる必要もない……そんなラクな仕事と思われがちですが、実態は大違いなのです。

安定した職業の代名詞といわれる公務員ですが、限られた予算内で地道に日々の業務をこなしながら、クレーマーのような市民にも誠心誠意対応する……仕事がハードなうえに昇進・昇給が見込めないため、実は転職を考える人も増えています。

今の収入と同額の転職を望むには、よほど公務員在職中に実績をあげる、もしくは資格を取得するなど秀でた点がなければ難しいでしょう。

このまま技術が発展していけば、ＡＩに仕事を奪われる可能性もあります。その最たるものが事務職です。

単純な入力作業や窓口対応など、とくに地方行政では人口減少で税収が減り、ＡＩが人に取って代わる時代が到来するといわれています。こうなると任された仕事のみをこなすのではなく、自分のスキルを伸ばすしかありません。

「リストラされない」なんて、そんなの都市伝説！

学生が就職先に公務員を選ぶ理由として、給与が下がらずリストラもされず一生安泰……そう一般的には信じられているからではないでしょうか。

しかし、それはひと昔前の話で、**昨今では公務員もリストラの可能性があります。**

各自治体も、長期にわたり同じ役職に居座っている役職者に対しては、定年前に退職を勧奨しています。そうしなければ部下がいつまでたっても昇進できないからです。

いわゆる「肩たたき」と呼ばれるものですが、リストラほど負のイメージがないのは退職金の割り増しと、次の就職（天下り）先の紹介をセットにしているためです。

さて、みなさんは「**分限免職**」という言葉を聞いたことがありますか。

「分限免職」とは、財政の悪化による公務員の人員整理をはじめ、勤務状態の不良や公務員として適性を欠くことを理由にした免職を指します。要するにリストラも含まれています。

公務員の世界では、「リストラ」と聞いても、実感がわかないことでしょう。しかし、公務員にとって「分限免職」は身近にあるものです。

本来、組織としての収益力をアップするために行う事業の再構築をリストラといい、組織の簡略化、不採算部門からの撤退、資源の再配分などがあり、人員の整理もそのひとつなのです。

過去の公的機関が民営化された主なケースに次があります。

・日本電信電話公社↓NTT（１９８５年）
・日本国有鉄道↓JR（１９８７年）
・日本郵政公社↓日本郵政グループ（２００５年）
・社会保険庁↓日本年金機構（２０１０年）

これらは民営化後に、子会社へ転籍させるなどの措置が行われました。

日本年金機構のケースでは、社会保険庁に在職した５２５人の公務員が分限免職になっています。そのうち71人が人事院に審査請求をして、25人が免職を取り消されましたが、残りの５００人は職場復帰を果たせず解雇されたのです。

これからの話でいえば、２０１９年「改正水道法」が施行されました。これにより、水道が民営化される動きがあります。

水道が民営化された暁には、同様のことが起こらないとも限りません。

まさか「水道」という生活に必須のインフラへ関わる公務員の職場が民営化されるとは、現場で働く当事者の方々も就職時には微塵も想定できなかったことでしょう。

クビになっている公務員は意外と多い

また、職員の勤務状態が原因による「**懲戒免職**」も年々増加しています。

みなさんは「分限免職」と「懲戒免職」の違いをご存じでしょうか。私も詳しく知らなかったのですが、本書を執筆するにあたり調べてみたところ、以下のような違いがあります。「懲戒免職」は「服務違反による解雇」ですから問答無用でクビです。これに対して「分限免職」は前項で説明したように、「あなたは公務員に向いていないから転職したら？」とクビを提案されるイメージです。そのため、分限免職では退職金が出て、懲戒免職では退職金が出ません。

2020年に明るみに出た、神戸の市立小学校の教員が同僚教員をいじめていた問題で、市の教育委員会は加害者に対して懲戒処分を決定しました。

また「分限免職」「懲戒免職」以外のクビとして「**依頼退職**」もあります。「依願退職」は文字どおり本人が願い出て退職するので、厳密には「クビ」ではなく「辞めさせてください」と自ら辞表を提出することになりますが、実際には辞表を出さないわけにはいかない状況に追い込まれるケースも多いようです。

総務省が発表した「平成30年度における地方公務員の懲戒処分等の状況」によれば、2018年度中に懲戒処分を受けた職員数は4181人であり、前年度に比べて310人増加しています。2018年度中に分限処分を受けた職員数は2万5615人であり、前年度に比べて632人も増加しています。

なぜ懲戒免職・分限免職されたのでしょうか？

行為別に見てみると「懲戒免職」は「一般服務違反等関係」1782人（42・6％）がもっとも多く、次いで「交通事故・交通法規違反」966人（23・1％）と続きます。

分限免職の事由では、「心身の故障の場合」2万5162人（98・2％）が突出しており、次いで「職制等の改廃等により過員等を生じた場合」が182人（0・7％）です。

服務違反をしなくても、交通事故に巻き込まれたり、体調を崩したりする可能性は誰にだってあるものです。**「公務員をクビになること」は決して特別ではなく、「定年を迎えるまで安泰」だと思っていたら大間違いなのです。**

手厚い公務員年金はすでに過去の話

ご存じの通り、これから日本は超高齢社会を迎えます。

本来、年金は働く現役世代が保険料を支払って、その保険料で高齢者世代を支える「世代間扶養」の仕組みでした。しかし、この仕組みが今後も維持できるとは言い難いでしょう。

こうした事情から、年金を当てにするのはあまりにも高リスクです。それはサラリーマンの話であり、公務員の年金は「職域加算」が上乗せされて手厚いから安心だろうと考えられていたのも今は昔の話となっています。

・退職の際に受け取る退職手当が大幅に減額

これまで公務員の退職金は世間から批判の的になってきました。なぜかといえば、民間企業の会社員と比較しても平均で約２９５０万円と水準が高く、優遇され過ぎていたからです。それが２０１３年からは段階的に官民の格差を調整するため、約４０２・６万円が削減されました。

・老後に受け取る年金制度が変更

公務員の老後は安泰といわれていた要因に、加入していた「共済年金」があります。この共済年金は、民間企業の会社員が加入する「厚生年金」よりも手厚い制度でした。

そもそも旧日本の年金制度は、３階建ての建物のようになっていました。１階にあたる「国民年金（基礎年金）」は、すべての人が加入する制度で、自営業者や学生（第１号被保険者）、専業主婦（第３号被保険者）が加入しています。自営業者と学生は自分で国民年金保険料を払いますが、専業主婦は夫が加入する制度が保険料を負担しているので支払う必要がありません。

この国民年金に上乗せした年金が２階部分にあたります。第２号被保険者といわれるサラリーマン＝会社員は厚生年金で、公務員は共済年金です。そして３階部分の「職域部分（職域年金）」は、共済年金からさらに上乗せした制度になるため、公務員は年金額が多く、会社員や自営業者よりも、豊かで安定した老後が送れていたのです。

ところが、これに対して「官民格差」だと批判が持ち上がり、**２０１５年10月からは共済年金が厚生年金に統一されることになりました。**こうして、公務員優遇の象徴とされてきた職域部分が廃止。新しい制度に移行することになり、かつてのような公務員が優遇される時代は終わったのです。

図1　年金制度の変更

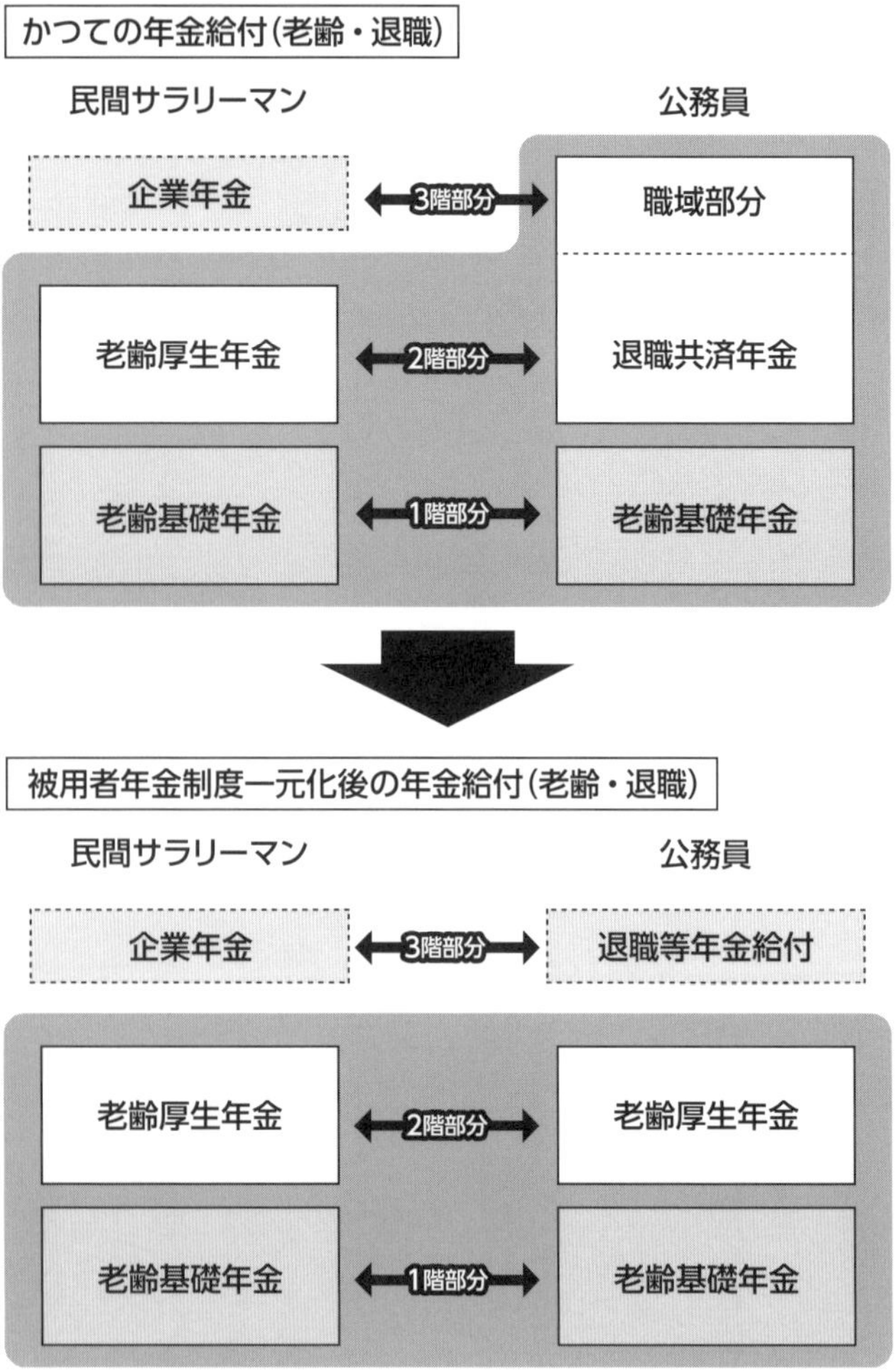
かつての年金給付（老齢・退職）
民間サラリーマン
公務員
企業年金
3階部分
職域部分
老齢厚生年金
2階部分
退職共済年金
老齢基礎年金
1階部分
老齢基礎年金
被用者年金制度一元化後の年金給付（老齢・退職）
民間サラリーマン
公務員
企業年金
3階部分
退職等年金給付
老齢厚生年金
2階部分
老齢厚生年金
老齢基礎年金
1階部分
老齢基礎年金

さらには共済年金も厚生年金と統合されることにより、次のように改変されました。

・加入年齢の上限は70歳

これまで共済年金の加入年齢に上限はありませんでしたが、改変後は厚生年金と同じく会社で働き続けて70歳になると、自動的に脱退することになります。

・保険料率がアップ

厚生年金に比べて共済年金の保険料率は割安でしたが、改変後は厚生年金と同じ保険料率（上限18・３％）に統一されました。

・障害給付の支給要件に「保険料納付要件」が加わる

これまで共済年金には障害厚生年金の要件にある保険料納付要件がありませんでしたが、改変後は初診日の前々月までの保険料納付済期間と、保険料免除期間を合算した期間が３分の２以上必要になります。

・遺族年金の転給制度が廃止される

転給制度が廃止されることになりました。これは遺族年金を受け取っている人が亡くなって権利を失った場合など、ほかに権利がある人がいれば移行する制度でした。

このように一般企業のサラリーマンと公務員の年金制度は同等になり、老後に支給される年金を当てにできない状況も同じになったのです。

私たちの先輩からすれば「安定」を期待して就いた公務員であったはずなのに、まったく話が変わってしまったという状況でしょう。

このままでは夫婦の老後や子どもの教育費がまかなえられるのか不安です。とはいえ、転職するにはあまりにもリスクが大きすぎると考える公務員が増えました。

それまでは「公務員＝最も安定した職業」という時代が長らく続き、それまでは自らライフプランを考える必要もなかったのかもしれませんが、そんな悠長なことを言っている場合ではなくなったのです。

そもそも公務員になりたい人が減っている現実

公務員最大の魅力であった「安定」が崩れつつあり、仕事へのモチベーションを保ちにくいどころか、下手をすると心身をこわしかねない状況であることはおわかりいただけたかと思います。

人事院のデータによれば、国家公務員の志望者は3年連続で減少しています。公務員志願者は「景気が悪いほど伸びる」と言われていますが、景気が良いわけでもないのに減少するのは、今の若者が公務員の実態に気づいているからのようにも思えます。

直近の状況でいえば、新型コロナウイルスの流行により、厚生労働省をはじめ、各行政や保健所、それこそ学校も含めて、多くの公務員が関わって対応に追われています。困っている人ならともかく、ちょっとした問合せやクレームなども多いことが想像つきます。本来行うべき日常業務にくわえての感染症対応もあり、現場がどれだけ混乱し疲弊しているか……。

なお私は小学校の教員でしたが、小学校の教員志望者も減少の一途をたどっています。文部科学省の調査によると、小学校教員の競争率は8年連続で減少しており2019年度は過去最低で、教員採用試験の受験者は2・8倍。**県によっては実質の倍率が2倍を切っているそうです。**

志望者の減少により教員の質の低下も懸念されますが、なにより教員という職業に魅力を感じられない人が増えていることに驚きました。

教員は次世代を担う子どもたちを導く尊い仕事です。私自身は家庭の事情で学校教育の現場から離れることになりましたが、教員の仕事は大好きでやりがいを感じていましたから、とても残念に思います。その一方で、やっぱり……という気持ちもあります。

ここまで耳が痛い、不安になるような話ばかりが続きましたが、次章からは公務員の皆さんが健やかに働いていくためにどうしたらいいのか。具体的な解決策を提案します。

未来は誰にもわかりませんから、仕事ができなくなるような万が一の事態や、老後の生活への備えが大切です。

今、充実して働いている人こそ、その必要性を感じますし、かつての私のように苦しい日々を送っている人たちにも救いの道があることを知っていただきたいのです。

まとめ

「公務員＝一生安泰」
とは限らないし、
そこまでの高給取りでもない。
リストラもあれば、クビもある!!

第2章

まずは
現状把握から

家計の見直しは源泉徴収票のチェックから！

日々の生活・不安・将来の備えのためにも、これまで真剣に向き合ってこなかった「お金」について、現状を把握するところからはじめます。そして、見直しが必要だと判断したら直ちに実行しましょう。

公務員であるあなただからこそできる共済や保険、貯蓄、投資がまだまだあるはずです。それらをフル活用して、将来に何かあってもリスクヘッジができるよう自分の人生をプランニングしていきましょう。

現状把握でまず行いたいのは、「源泉徴収票」の確認です。税金や社会保険などをいくら支払っているのか自覚している人は少ないものですが、源泉徴収票の見方をマスターすればわかるようになります。

チェック❶ そもそも源泉徴収って何？

そもそも「源泉徴収」とは何でしょうか。

前提の話として、個人が年間を通じて働いて得た所得に対してかかる税金「所得税」が

図2-1

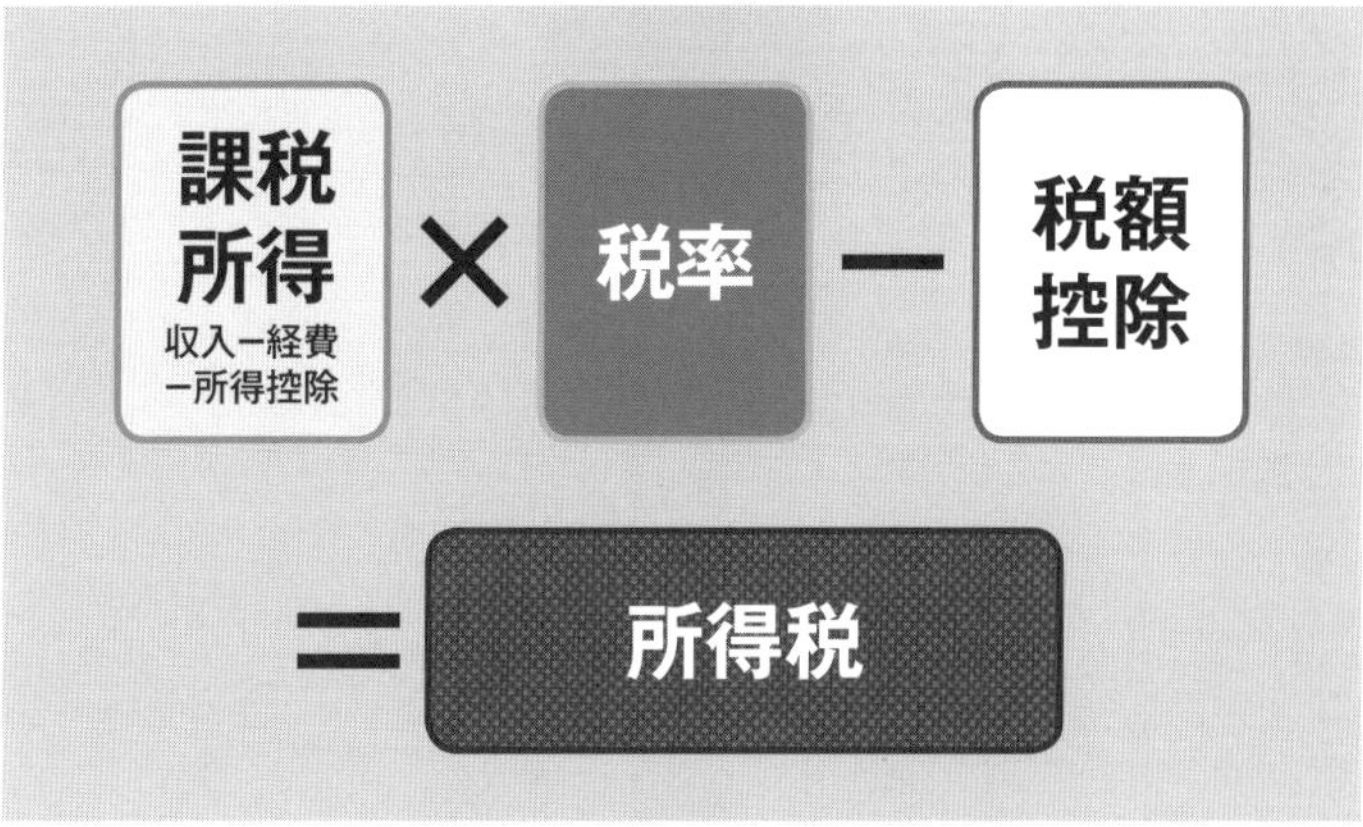

あります。1年間のすべての所得から所得控除を差し引いた残りの課税所得に税率を適用し、最後に税額を控除して計算します。

本来であれば個人が税務署に支払うものですが、給料から差し引く形で、役所（サラリーマンであれば会社）が代わりに支払いを行っています。

それを「源泉徴収」といいます。毎月従業員から源泉徴収し、翌月10日までに所得税を納付します。この毎月の納付はいわば税金の先払いであり、源泉所得税と正確な所得税の差額を計算する必要があります。この清算の作業が年末調整なのです。

11月ごろになると、あなたのもとには「ここに生命保険控除証明書を添付してください」、「扶養申請してください」という、扶養などの控除申請書の用紙が届くはずです。

その用紙に然るべきことを記入して提出すると、役所で年末調整をしてもらえます。源泉徴収票は民間企業では毎年12月に発行されることが多いですが、公務員は1月に発行されます。

この源泉徴収票をしっかりと読めば、社会保険や税のシステムが理解できるようになっています。

チェック❷ 源泉徴収票の見方

源泉徴収票で大事な部分は1行目です。ここには**支払金額（A）**から**源泉徴収税額（D）**までが記載されています。2行目以降は**「所得控除の額の合計額」（C）**の内訳と住宅ローン控除の詳細です。

それでは、実際に源泉徴収票を見ながら項目を解説しますね。

A「支払金額」

給与の収入金額（給与と賞与の合計額）で「年収」とも呼ばれています。

図2-2

令和　　年分　　給与所得の源泉徴収票

支払を受ける者	住所又は居所			（受給者番号） （個人番号） （役職名） 氏名　（フリガナ）

種　　類	支　払　金　額	給与所得控除後の金額	所得控除の額の合計額	源泉徴収税額
	内　　　　円　**A**	円　**B**	円　**C**	内　　　　円　**D**

（源泉）控除対象配偶者の有無等		配偶者（特別）控除の額	控除対象扶養親族の数（配偶者を除く。）						16歳未満扶養親族の数	障害者の数（本人を除く。）		非居住者である親族の数
有	従有	千　　円	特　定		老　人		その他			特　別	その他	
			人	従人	内　　人	従人	人	従人	人	内　　人	人	人

社会保険料等の金額	生命保険料の控除額	地震保険料の控除額	住宅借入金特別控除の額
内　　　　円	円	円	千　　　　円

（摘要）

Cの内訳（控除の内訳）

生命保険料の金額の内訳	新生命保険料の金額	円	旧生命保険料の金額	円	介護医療保険料の金額	円	新個人年金保険料の金額	円	旧個人年金保険料の金額	円
住宅借入金等特別控除の額の内訳	住宅借入金等特別控除適用数		居住開始年月日（1回目）	年　　　月　　　日	住宅借入金等特別控除区分（1回目）		住宅借入金等年末残高（1回目）	円
	住宅借入金等特別控除可能額	円	居住開始年月日（2回目）	年　　　月　　　日	住宅借入金等特別控除区分（2回目）		住宅借入金等年末残高（2回目）	円

（源泉・特別）控除対象配偶者	（フリガナ）氏名	区分	配偶者の合計所得	国民年金保険料等の金額	円	旧長期損害保険料の金額	円
	個人番号						

控除対象扶養親族	1	（フリガナ）氏名	区分	16歳未満の扶養親族	1	（フリガナ）氏名	区分
		個人番号				個人番号	
	2	（フリガナ）氏名	区分		2	（フリガナ）氏名	区分
		個人番号				個人番号	
	3	（フリガナ）氏名	区分		3	（フリガナ）氏名	区分
		個人番号				個人番号	
	4	（フリガナ）氏名	区分		4	（フリガナ）氏名	区分
		個人番号				個人番号	

未成年者	外国人	死亡退職	災害者	乙欄	本人が障害者		寡婦		寡夫	勤労学生	中途就・退職				受給者生年月日					
					特別	その他	一般	特別			就職	退職	年	月	日	明 大 昭 平	年	月	日		

支払者	個人番号又は法人番号		（右詰めで記載してください）
	住所（居所）又は所在地		
	氏名または名称		（電話）

整理欄

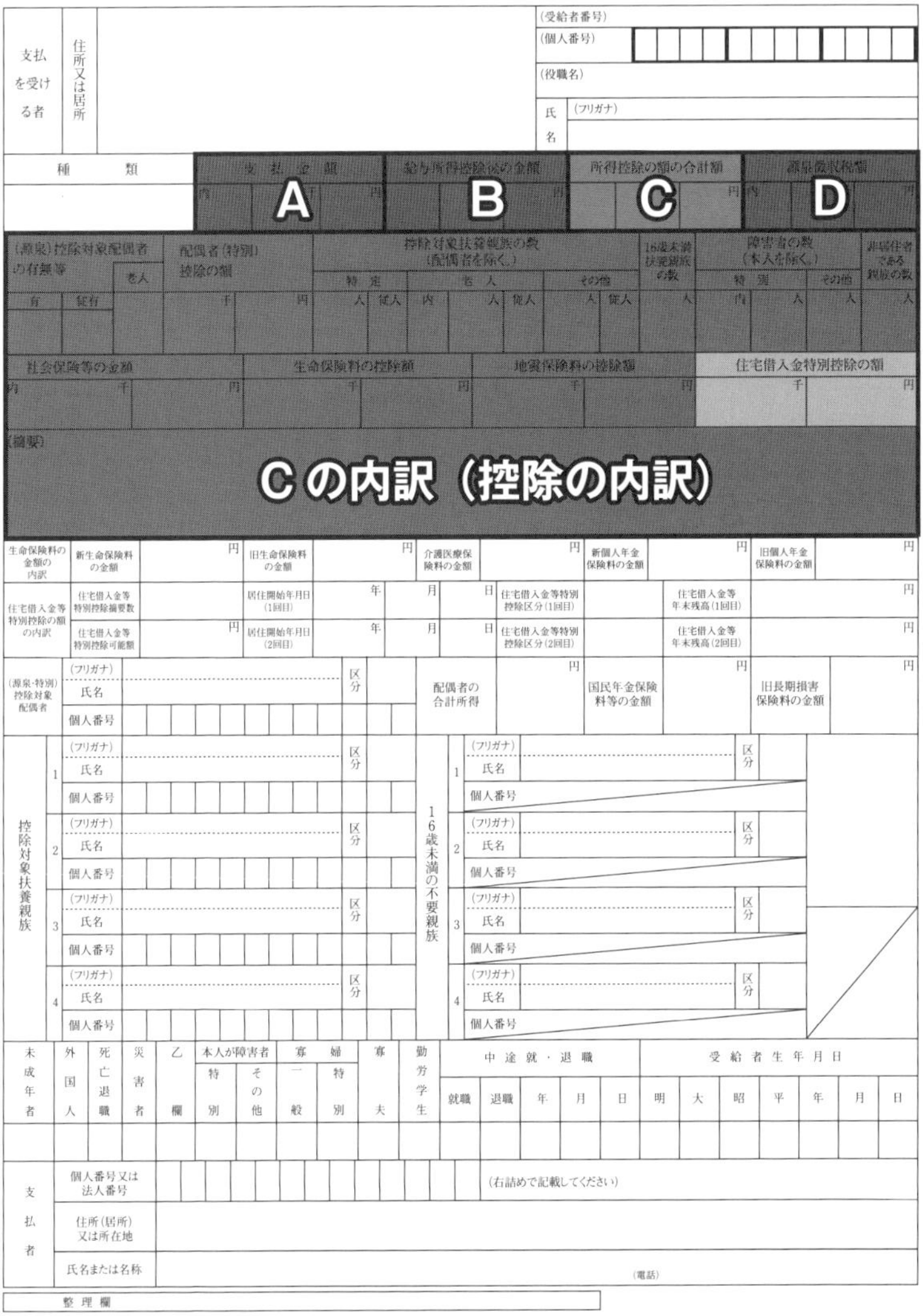

B「給与所得控除後の金額」

給与所得控除後の金額とは、収入から給与所得控除を引いた金額でいわゆる「所得」と呼ばれるものです。給与所得控除とは、必要経費とみなされる金額で、給与所得者の給与から一定額差し引くことができます。

なお、この所得控除は２０２０年から一律10万円の引き下げとなりました。詳しくは下の**図2-3**をご覧ください。

C「所得控除の額の合計額」

この欄は所得控除の合計額です。

所得控除とは、一定の要件にあてはまれば、所得の合計金額から一定の

図2-3　給与所得控除

給与等の収入金額	給与所得控除額 改正前 2019年12月末まで		給与所得控除額 改正後 2020年1月以降
162.5万円以下	65万円	-10万円→	55万円（65万円-10万円）
162.5万円超 180万以下	収入金額×40%	-10万円→	収入金額×40% -10万円
180万円超 360万以下	収入金額×30% +18万円	-10万円→	収入金額×30%+8万円（18万円-10万円）
360万円超 660万以下	収入20%+54万円	-10万円→	収入×20%+44万円（54万円-10万円）
660万円超 850万以下	収入10%+120万円	-10万円→	収入金額×10%+110万円（120万円-10万円）
850万円超			195万円（上限）
1,000万円超	220万円（上限）	上限変更→	

出典：国税庁「給与所得控除」https://www.nta.go.jp/m/taxanswer/1410.htm

金額を差し引く制度のことで、具体的には扶養する家族や生命保険の支払いといった、各個人の状況に合わせて所得から一定額を控除して納税額を調整します。
所得控除についての詳細は50ページで解説していますのでご確認ください。

Cの内訳（控除の内訳）

所得控除の内訳が、２行目以下に記載されています。家族構成（扶養家族）、社会保険、生命保険がルールに基づいて算出されています。

D「源泉徴収税額」

給与から天引きされる源泉徴収税の金額が記載されます。

その他

その下の欄は生命保険料の詳細、住宅ローン控除の詳細、家族構成のより詳しい情報が記載されます。

チェック❸ 所得税の計算方法

続いては、所得税を計算する方法です。

以下は夫（教員）年収500万円、妻（パート）年収103万円、子どもは小学生2人のケースです。

年収500万円から給与所得控除の154万円を差し引いた所得は346万円です。そこから各種控除を差し引いていきます。

各種控除は夫の社会保険料が約75万円、そこから基礎控除48万円（令和2年以降、合計所得金額2400万円以下は10万円引き上げられました）、配偶者控除38万円など、これら各種控除の合計161万円を差し引いた金額185万円が課税所得となります。

この金額に対して所得税の税率を掛けます。このケースでは税率5％となり、計算の結果、夫の所得税は年9万2500円になりました。

日本の所得税は、累進課税のため所得が多いほど税率が上がります。詳しくは所得税の税率の表をご確認ください。

図2-4

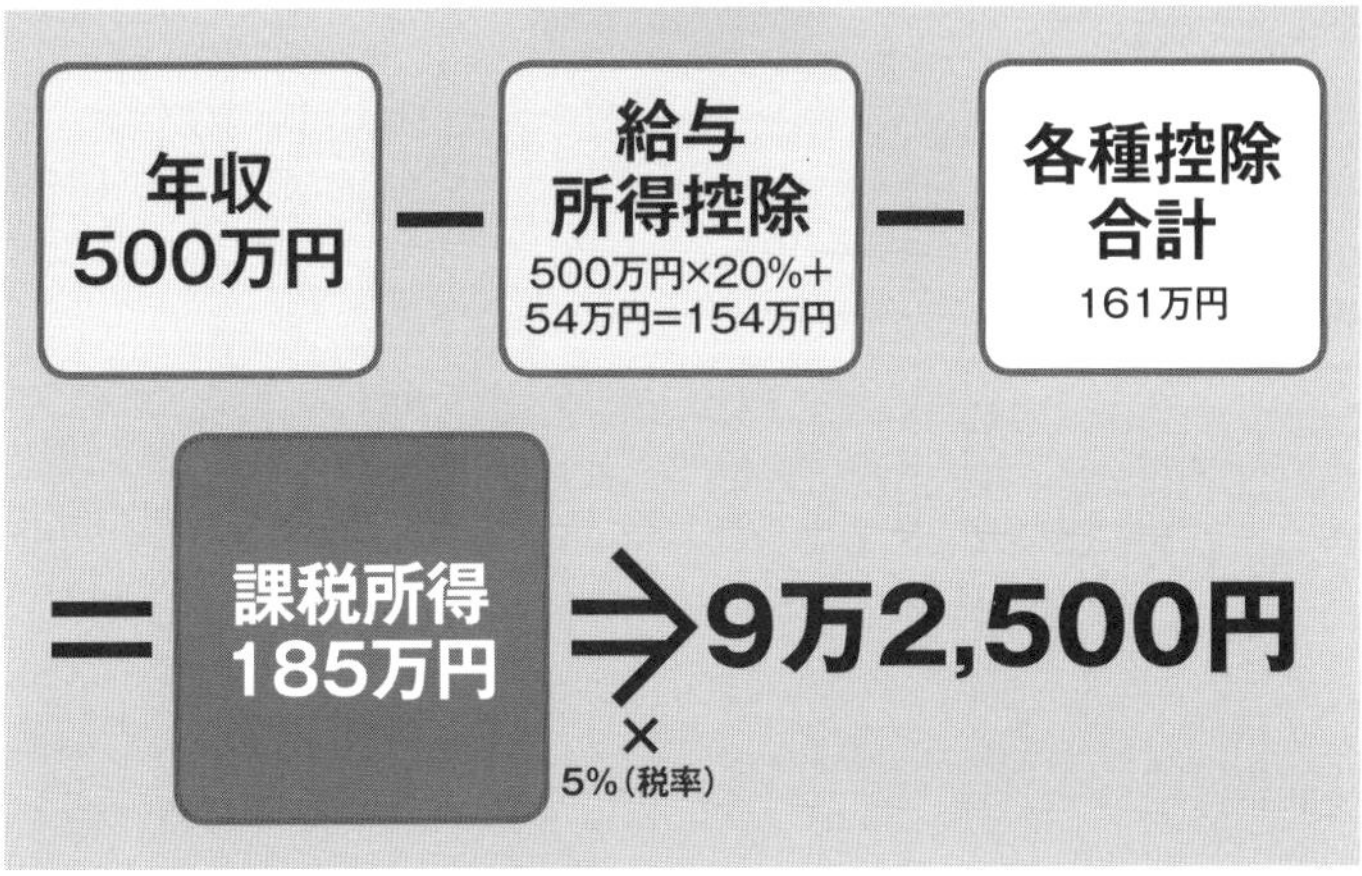

所得税の速算表　（平成27年分以降）

課税される所得金額	税率	控除額
195万円以下	5%	0円
195万円を超え330万円以下	10%	97,500円
330万円を超え695万円以下	20%	427,500円
695万円を超え900万円以下	23%	636,000円
900万円を超え1,800万円以下	33%	1,536,000円
1,800万円を超え4,000万円以下	40%	2,796,000円
4,000万円超	45%	4,796,000円

出典：国税庁「所得税の税率」
https://www.nta.go.jp/taxes/shiraberu/taxanswer/shotoku/2260.htm

なお公務員の家庭は夫婦で公務員をしているケースが多いですが、専業主婦の妻がパート勤めをしているケースもあるでしょう。その際に、配偶者控除の枠内である年収103万円を意識して働いている人もいるかもしれません。

所得税を計算する際に、一律に収入から差し引くことができる基礎控除額は、48万円です。くわえて給与所得の金額によって控除できる給与所得控除額の最低額は65万円です。この基礎控除+給与所得控除を合計すると103万円になるため、パート収入が103万円以下なら所得税がかからない……これが**「103万円の壁」**でした。

また、103万円の壁は、パートやバイトをしている人の配偶者の税金に影響してきます。配偶者の年収が103万円以下であれば、納税者本人が所得税の配偶者控除38万円分を受けることができるためです。

つまり、妻の年収が103万円以下なら、妻は税金を払わなくともよく、夫の税金負担も軽くなるのです。

この点については、平成30年以降に配偶者特別控除の対象者が拡大し、妻の年収150万円未満であれば、夫の所得税計算では38万円（夫の所得に応じて26万円、13万円）を差し引くことができるようになりました。**要は妻103万円未満に収入をセーブする必**

要がなくなったのです。

ただし、妻の年収が１０６万円を超えると勤め先の社会保険に加入しなければならない可能性が出てきます。扶養に入っていれば、自分で社会保険料を払わなくても、夫の健康保険や厚生年金の対象者となっていますが、いくつかの要件に当てはまると、自分で保険料を年間10万円以上納めることになりかねません。

この結果、手取りは低くなりますが、社会保険に加入すれば、将来妻の年金額も増えるというメリットもあります。

くわえて１３０万円を超えると、夫の扶養からはずれて国民健康保険もしくは勤め先の社会保険に加入しなくてはいけません。国民健康保険料は地域によって金額が変わり大きな負担となるケースもあります。

このように、いわゆる「１０３万円の壁」は撤廃されましたが、「年収１０６万円の壁」「年収１３０万円の壁」は残っているということです。

チェック❹ 所得控除を把握

年末調整では、年間給与所得から所得控除の対象となる金額を差し引いて、本来の年間所得を計算し直します。

その際に、源泉徴収された金額（先払いした所得税）より算出した本来の所得税額が少ない場合、税金の払いすぎということになり、還付金として税金が戻ってきます。

所得控除とは、課税の公平性を図るため、個人の抱えている事情に応じて税金を払うシステムです。個別の事情を考慮して所得控除が設けられており、大きく分けて、「**物的控除**」と「**人的控除**」の2種類があります。

物的控除とは、主に支出に対する控除となり、家事上の支出や損失について一定の控除が可能です。人的控除とは、主に人に対しての控除で、個人的な事情について一定の控除ができます。

どのような所得控除があって、自分が適用するかどうか把握しておかなければ、受けられるはずの所得控除の適用漏れが生じてしまい、還付金が受け取れなくなってしまうケースもあります。

【物的控除】

・**雑損控除**　災害・盗難などの被害にあった場合に控除が受けられます。

・**医療費控除**　１年間で10万円以上の医療費（交通費・薬代を含む）がかかった場合には、10万円を超える部分は控除できます。

・**社会保険料控除**　国民健康保険料・国民年金保険料・厚生年金保険料・介護保険料・後期高齢者医療保険料などの保険料（配偶者・扶養親族の分も含む）に対しての控除です。

・**小規模企業共済等掛金控除**　小規模企業共済・個人型拠出年に加入している場合には、掛金の全額を所得から差し引くことが可能です。

・**生命保険料控除**　生命保険・個人年金・介護医療などの保険料を支払っている人が受けられます（上限あり）。

・**地震保険料控除**　地震保険などの損害保険料を支払った人が受けられます（上限あり）。

・**寄附金控除**　国や地方公共団体、認定ＮＰＯ法人などに寄付した人が受けられます。「ふるさと納税」も寄附金控除の対象となります。

本来「ふるさと納税」をする場合、確定申告を行う必要がありますが、「ワンストップ特例制度」を利用すれば、確定申告をせずに控除を受けることができます。ワンストップ特例制度の条件は以下となります。

・個人で確定申告をする必要がない人
・年間を通したふるさと納税の寄付先が5自治体以内
・所定の申請書・必要書類を送付して期限までに手続を行う

【人的控除】

・**寡婦（寡夫）控除**　申告者本人が配偶者と離婚または死別した寡婦（または寡夫）の場合に受けられます。
・**勤労学生控除**　申告者本人が勤労学生に該当する場合に受けられます。
・**障害者控除**　申告者本人が障害者と認定されているか、その家族（配偶者や扶養親族）が障害者の認定を受けている場合に受けられます。
・**配偶者控除**　申告者本人に配偶者（控除対象配偶者）がいる場合に受けられます。
・**配偶者特別控除**　配偶者に38万円（令和2年分以降は48万円）を超える所得がある

ため配偶者控除の適用が受けられないときでも、配偶者の所得金額に応じて、一定の金額の所得控除が受けられる場合があります。解説は48ページにあります。

・**扶養控除**　所得税法上の控除対象扶養親族となる人がいる場合には、一定の金額の所得控除をその人数分だけ受けられます。

・**基礎控除**　ほかの所得控除のように一定の要件に該当する場合に控除するというものではなく一律に適用されます。

チェック⑤　住民税はどうなっている？

国に納める「所得税」ですが、各都道府県や各市町村など、地方自治体に納めるのが「住民税」です。どちらも給与から天引きされますが、納付先も計算方法も違います。

所得税は源泉徴収票からわかりますが、住民税までは知ることができません。

住民税は都道府県民税と市区町村民税の合算で、源泉徴収票とは別の「住民税課税決定通知書（特別徴収税額通知書）」で把握できます。

住民税は、その年の１月１日現在で居住しているところ（原則として住民票の住所）で課税され、住民税を納付する税額は、申告する前年の１月から12月までの所得に応じて計算される「所得割」（所得の10％）と、定められた額で一律に課される「均等割（各市区町村によって税額が異なり年間4000～5000円ほど）」を合算した金額となります。

住民税は前年の所得に応じて課税されますから、入職した年においては給与から住民税を引かれません。また覚えておきたいのは、退職金に対しても住民税が課税されることです。

チェック❻ 公務員特有の社会保険

社会保険料等控除には「**長期掛金**」と「**短期掛金**」、それに「**介護掛金**」があります。

この長期掛金や短期掛金という呼び方は公務員特有ですが、平たく言うと、厚生年金関連を長期掛金といい、健康保険関連は短期掛金と呼びます。

・**長期共済 → 厚生年金保険料**
・**短期掛金 → 健康保険料**

たとえば、昨年と今年が同じ年収であれば、社会保険料などの金額は毎年上がります。

長期掛金は個人負担分として毎年0・177％上がり、健康保険関係（短期掛金）も、その時々の状況に合わせて上がるため、郵送されてくる共済組合などの案内には必ず目を通しましょう。

自身の収入・支出を知るのが、家計の見直しの第一歩です。毎年もらう源泉徴収票、毎月の給与明細なども注意深く確認して所得・控除・税金を把握しましょう。そうすることで税金や社会保険の仕組みもわかるようになります。

人生の「三大支出」を考えよう

源泉徴収票を確認して、収入や税金の内訳を把握したら、次に支出を確認します。

そもそも、みなさんは家計に占める割合の多い支出をご存じでしょうか？

人には生活するための住宅が必要です。それから家族を持ち子どもがいれば、子どもの教育費がかかります。さらに自分が老いて働けなくなったときのための老後の資金も必要です。**この「住宅資金」「子どもの教育資金」「老後の生活資金」の3つは、人が生まれてから死ぬまでの間に支出する最も大きな出費として挙げられます。**

人生の三大支出のどれもが気が遠くなるくらいの大金です。果たして自分にそれだけのお金を用意できるのか不安になる人も多いことでしょう。

この三大支出がひとつでも不足すれば、人生に悔いを残すことになりかねず、どれも優先順位付けができないほど重要な資金なのです。

なるべく若い時期から計画性を持って準備をして、バランスよく対応しながら決断を下して乗り越えていく必要があります。この三大支出を見直すことが、将来の安心につながっていきます。

「住宅資金」はどう考える？

まず一つ目の支出が「**住宅資金**」です。前提となる課題として「**家を購入するのか、それとも賃貸のままでいいのか**」という選択肢がありますが、私自身は購入派・賃貸派かを問われたら、断然「**購入派**」です。

公務員の場合、家賃補助や公務員宿舎があるケースなど、職種によって住宅に対する条件が違います。転勤があるか否かにもよるところがあります。そのため一概にすべての公務員が家を買うべきだとはいえませんが、「**高値買いや立地を間違いさえしなければ、ゆくゆくは資産になったり売却できたりする**」という考え方をしています。

くわえていえば、購入においては、「新築か中古か」「マンションか戸建てか」とさまざまな選択肢があり、どのようなマイホームを選ぶのかは、前述したとおり職種もありますし、居住地が都会なのか地方なのか、家族構成、また幸せの尺度など、一概に「○○が良い」とは決めつけられません。

ただ言えることとして住宅は大きな買い物ですから、現金で購入するのではなく、住宅ローンを借りて購入するのが一般的です。購入すると決めた際は、住宅ローンに対する基本的な知識や考え方は身につけておくべきです。

そもそも住宅ローンは、正社員であればともかく非正規社員や自営業では審査が通りにくいといわれています。その点、公務員は社会的信用があるため恵まれています。

金融機関からすれば、公務員は「貸したい」と思われる人です。逆にいうと借りやすいゆえに、身の丈に合わない家を選んで借りすぎてしまう……という失敗も起こり得ます。やみくもに高額な住宅ローンを組んでしまったら、子どもの教育費や自分たち夫婦の老後の準備をする余裕がなくなったり、ローンを組む時期が遅くなったためにローン支払いと家計の出費のピークが重なったりして、どうにもこうにも対応できなくなるケースが実際にあるのです。

そうした事態を避けるためには、情報をしっかりと仕入れておかなければなりません。住宅ローンを借りるにあたっては以下をしっかり考えておきましょう。

・借入額

まず家を取得するにはいくら必要なのかを計算します。そして自分の年収や貯金がいくらあるのかを併せて考える必要があります。

理想とされる借入額は年収の５～７倍の間で、月々の返済額は月収の約25％とされています。

ただし借入額はあなたの家庭が共働きなのか、そして年齢によっても大きく変わるので、ご自分の実状に合わせた設定が必要です。

・融資期間

ひと月当たりの返済額を少なくするためには、融資の期間を長くするほどいいのですが、そうするとトータルの金利負担が増します。とはいえ、住宅ローンの金利は低く微々たるものですから、できるだけ長く借りて月々の返済負担を減らすという考え方もあります。

また融資期間も一定の年齢以上となると短い期間しか借りられませんが、まだ若いうちであれば長い借入期間が設定できます。

・金利条件（固定金利・変動金利）

固定金利、変動金利どちらが有利になるのか判断は難しいところです。なぜなら、今後金利が上昇するか、それとも下降するのかは誰にもわからないからです。

固定金利には返済額を確定できる利点があり、変動金利には返済額を節約できる可能性がある利点があります。どちらを選ぶかは個人の判断となります。

通常であれば、「固定金利」のほうが「変動金利」よりも利率が高く設定されています。そのため、パッと見は変動金利のほうが有利と思えるのですが、今後に金利が上昇した場合ですと、予期せぬ追加負担になる可能性もあります。

逆をいえば、変動金利が低金利であっても、固定金利は低くなることはないため、金利上昇しない場合には金利負担が大きくなってしまいます。

大きな金額を長期間にわたって借りる住宅ローンは、金利の影響も非常に大きくなります。

一例として、融資を３０００万円引き、それを35年、元利均等返済、金利１％で借りた場合の総支払額は約３５５７万円になります。金利２％なら約４１７４万円となり、１％違うだけでも、総支払額が６００万円以上も変わってきますので、なるべく低い金利を選ぶほうが良いでしょう。

前述したとおり、審査に通りやすい公務員は、あまり制約なくいろいろなパターンの借入れ方法を検討できます。

くわえて公務員には共済による貸し付けがあります。私が検討した公務員向けの住宅ローンでは、保証料がかからないものもありました。私の場合、民間銀行の金利が低くかっ

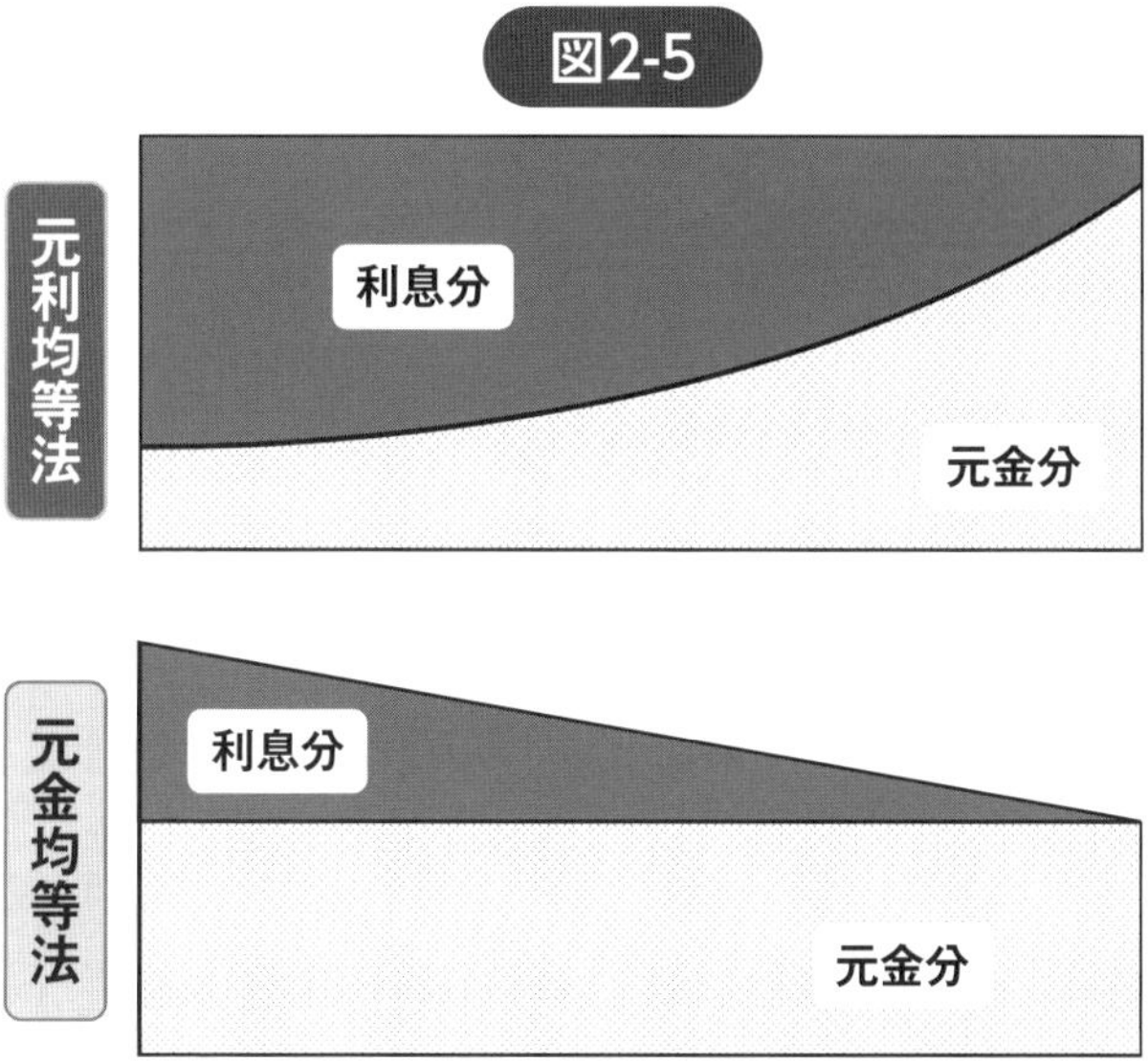

たこともあり、トータルの支払いを考えて、民間の住宅ローンを選択しました。

ですから住宅ローンを選ぶ際はご自身の状況を踏まえて、比較する必要があります。

・返済方式（元利均等・元金均等）

元金と利息の合計からなる毎回の支払額が一定である支払方法を、元利均等返済といいます。片や元金均等返済とは、毎回同じ額の元金を返し、利息はその都度変わります。

元金の減少が早いため、元金均等のほうが支払利息は減り、トータルの返済額では小さくなります。その代わり、借り入れ当初の負担が大きくなります。

必ず準備が必要な「教育資金」

文部科学省「平成30年度子どもの学習費調査の結果について」によれば、幼稚園から高校卒業まで公立ですと教育費が**約541万円**であるのに対し、すべて私立の場合は**約1830万円**となり、3倍の差があるとされています。実にその差額は**約1300万円**となります。

教育方針は各家庭によって変わるものですが、私立と公立では大きな差が生まれることを知っておきましょう。

大学の学費に関していえば、かつて国立大学の学費は一律でどこも同じでしたが、今は文部科学省が定める標準額を基準に各大学が定めることができます。標準額で計算する4年間の入学金と4年分の授業料の納付金額の合計は**242万5200円**です。もちろん、同じ国立大学でももっと高い大学は存在します。

私立大学は各大学によって変わりますが、文部科学省「私立大学等の平成30年度入学者に係る学生納付金等調査結果について」によれば、私立大学の授業料、入学料、施設設備費の初年度の合計は**133万6033円**で、4年間で計算すれば、**459万4177円**となります。

　これが私立の医学部に進学となればさらに大きな金額がかかるでしょう。また実家から通えればいいですが、一人暮らしになれば仕送り代もかかります。

　学費については奨学金を利用するという選択肢もありますが、奨学金の返済が行き詰まる「**奨学金破産**」が増えて社会問題にもなっています。できることなら子どもに好きな進路を選ばせるためにも、余裕をもって備えておきましょう。

「老後資金」は2000万円不足!?

2019年に発表された金融庁の報告書「高齢社会における資産形成・管理」に「老後に2000万円の蓄えが必要」という試算があり物議を醸しました。この報告書の根拠となったのは、2017年「家計調査」(総務省)にある夫65歳以上、妻60歳以上の夫婦のみの無職世帯の平均的な収支です。

公的年金をはじめ社会保障給付が中心の収入が約21万円に対して、住居費、医療費、食費などの支出が約26万円となります。つまり、月約5万円の赤字なのです。今後、20年生きたとして約1300万円、30年なら約2000万円という巨額の金額となります。これが「老後資金2000万円不足」の根拠となっています。

この2000万円は単純な掛け算であり、将来的に介護が必要になった際にかかる介護費用平均額2000万円は含めていないようです。報告書の参考資料に要介護の高齢者になった場合の費用や、住宅のバリアフリー化のためのリフォーム費用、葬儀費用は別途となり、要介護で約1000万円、リフォーム費用約465万円、葬儀費用約200万円とされています。つまり、介護が必要になればは約4000万円不足する事態も考えられます。

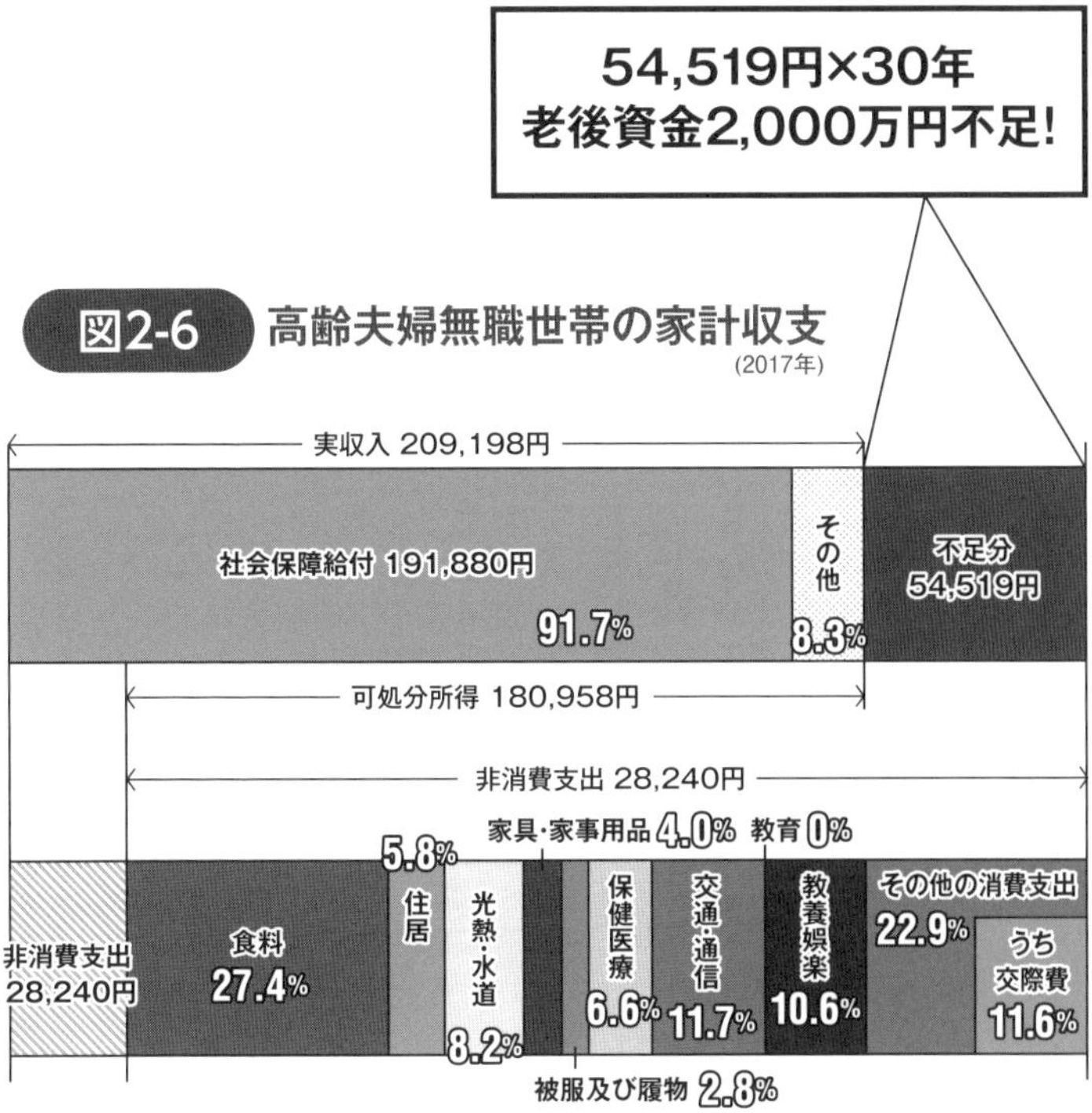

図2-6 高齢夫婦無職世帯の家計収支
(2017年)

出典：2017 年「家計調査」（総務省）
https://www.stat.go.jp/data/kakei/sokuhou/nen/pdf/gy02.pdf

そもそも老後の収入として年金と退職金があり、収入合計と費用総額との差がリタイア時の必要貯蓄額となります。もし必要貯蓄額を確保する見通しが立たない場合は、知恵を絞っていろいろと対策を考えなければなりません。

役所をはじめ多くの企業・団体において、現段階では60歳定年が一般的ですが、退職しても働きたいという人もいるでしょう。しかし、現在の日本では一定の年齢になれば強制的に勤めを辞めさせられます。とはいえ平均寿命が延びていく一方で働き手が減っていく状況から考え、今後は定年制が廃止されて、65歳よりも引き上げられるかもしれません。

「定年後も働くべき！」に、物申す

そのため「高年齢者等の雇用の安定等に関する法律」では、「高年齢者が少なくとも年金受給開始年齢までは意欲と能力に応じて働き続けられる環境の整備を目的」とし、65歳以下で定年を義務付けている企業に対しては、定年については「当該定年の引上げ」「継続雇用制度の導入」「当該定年の定めの廃止」が検討されています。

現実には、「再雇用を選択」する企業が大半で、これに準じた取り扱いとして、公務員も再任用制度をとり入れています。希望すれば再任用される可能性が高く、年金受給できる65歳まで働けますが、給与や働き方は変わります。

報道によれば、政府は２０２１年度から段階的に国家公務員と地方公務員の定年を65歳に延長する検討に入ったとのことです。単純に定年を延長するだけでは人件費が膨張するため、中高年層の給与を低く抑えつつ雇用されるそうです。すでに定年延長の流れは止まらないと思われます。

多くのＦＰやお金の専門家は「働けるうちは働いたほうがよい」という意見です。

しかし、私自身はすでに公務員を卒業したこともあり、**「そこまでして働かなければいけないのか」**という疑念がありました。

教員の場合はようやく定年を迎えた後に、それまでの激務がたたってか早死にしてしまうケースが多いと、保険会社に勤めている知り合いから聞いたことがあります。この話の信ぴょう性は定かではありませんが、妙に納得してしまいました。

退職後は自分の趣味ややりたいことに自由にお金と時間を使いたいと夢を描いている方も多いと思いますが、その前提として心身ともに健康であることが大切ですし、自分の寿命がいつまでかは誰にもわかりません。

自分のために使える時間というのは大変貴重なので、少しでも長く自分らしく生きられたら素晴らしいということに異論を唱える人はいないでしょう。

早期退職することがベストとは言い切れませんが、**私は「リタイア時期を自分で選べる状態」を整えておき、自分の意志で選択できるのが理想だと考えます。**そのためにも、いつ退職しても生活していけるように、少なくとも退職後は働かなくてもいいように、しっかりとお金を殖やしておく必要があるのです。

まとめ

まずは収入と支出の把握から。
税金や社会保険にくわえ、
人生の三大支出もチェック。
そこから自分の意志で人生の
選択をできる状態を目指そう！

第3章

家計を改善して
お金を貯めよう

ライフプラン表を作成しよう

家計を改善する第一歩として、まずは「ライフプラン表」を作成します。将来に予定されているイベントがわかれば、事前に準備を進められます。くわえて、長期におけるお金の流れを予測することができるため、ムダを省いた効率的な生活設計を立てられます。

それではライフプラン表のつくり方を解説しましょう。

1 家族構成

自分の年齢、配偶者、子どもの名前と年齢を記入します。

2 ライフイベント一覧

続いて、ライフイベントを記入します。

【ライフイベント】

- **結婚**
- **出産**
- **旅行**
- **自宅の購入、リフォーム予定**
- **法事**
- **起業など目標**

ここでは箇条書きで説明していますが「3年後にハワイ旅行する」「50歳で起業する」「定年後に夫婦で世界一周旅行」など、より具体的なイベントを作成してください。現実的な予定だけでなく「こうなりたい」という夢や目標を持つことが、より良い人生を築いていくために大切です。

3 世帯収入

自身の収入、配偶者の収入を記入します。今後の収入予測を記入します。

4 支出

支出を記入します。具体的な内容は次項で解説します。

5 年間収支

収入から支出を差し引き、年間収支を計算して記入します。手取り年収が５００万円で支出が４５０万円ならば、年間50万円の貯蓄をしていることになります。

6 貯蓄額

貯蓄残高に年間収支を加算します。

7 記入漏れを確認

一時的収入や支出などの記入漏れを確認します。車検などの支出、学資保険の満期などの収入などを、収入と支出の欄に記入漏れがないかを確認してみましょう。

8 バランスチェック

全体的な収支のバランスを確認しましょう。

現状で赤字、もしくは貯蓄額が不足するのであれば、その金額を計算して、いくら貯蓄額を増やせばいいのかを確認します。簡易的な収支計算を行うのであれば、金融庁のサイトにある「ライフプランシミュレーション」(https://www.fsa.go.jp/policy/nisa2/lifeplan_sim/index.html) がおすすめです。12の質問に答えるだけで、将来の家計を診断できる便利なツールです。

ライフプラン表で将来設計することで、漠然とした不安が「あと毎月〇〇円貯められれば大丈夫」と、リカバリーの方法がわかります。ぜひ、あなたもライフプラン表で将来設計をしてみてください。

図3　ライフプラン表

	2021	2022	2023	2024	2025	2026	2027
		1年後	2年後	3年後	4年後	5年後	6年後
夫	27歳	28歳	29歳	30歳	31歳	32歳	33歳
妻	24歳	25歳	26歳	27歳	28歳	29歳	30歳
子ども	1歳	2歳	3歳	4歳	5歳	6歳	7歳
子ども	-1歳	0歳	1歳	2歳	3歳	4歳	5歳
ライフイベント名				第一子幼稚園			第一子小学校
支出予定金額							
ライフイベント名		第二子出産				第二子幼稚園	
支出予定金額							
ライフイベント名					旅行		
支出予定金額					¥300,000		
給与収入(夫)	¥3,600,000	¥3,672,000	¥3,745,440	¥3,820,349	¥3,896,756	¥3,974,691	¥4,054,185
給与収入(妻)						¥1,000,000	¥1,000,000
一時的な収入							
一時的な収入							
収入合計	¥3,600,000	¥3,672,000	¥3,745,440	¥3,820,349	¥3,896,756	¥4,974,691	¥5,054,185
基本生活費	¥2,160,000	¥2,203,200	¥2,247,264	¥2,292,209	¥2,338,053	¥2,384,815	¥2,432,511
住居関連費	¥1,180,000	¥1,180,000	¥1,180,000	¥1,180,000	¥1,180,000	¥1,180,000	¥1,180,000
保険料	¥240,000	¥240,000	¥240,000	¥240,000	¥240,000	¥240,000	¥240,000
教育費	¥120,000	¥120,000	¥120,000	¥480,000	¥480,000	¥840,000	¥740,000
その他の支出		¥0	¥0	¥0	¥0	¥0	¥0
家族イベント費		¥0	¥0	¥0	¥300,000	¥0	¥0
支出合計	¥3,700,000	¥3,743,200	¥3,787,264	¥4,192,209	¥4,538,053	¥4,644,815	¥4,592,511
年間収支(=貯蓄額)	¥100,000	¥71,200	¥41,824	¥371,860	¥641,298	¥329,876	¥461,674
貯蓄残高	¥5,000,000	¥4,928,800	¥4,886,976	¥4,515,116	¥3,873,818	¥4,203,694	¥4,665,368

注）給与収入の上昇率は夫 2.00%、妻 0.00%
　　基本生活費の上昇率 2.00%で設定

家計の見直し……支出の洗い出しをしてみよう

どのようなことでも義務感だけで行っていては長続きしません。それは「家計の見直し」であっても同様です。

現状の家計を洗い出して、貯蓄や投資に振り向けられる金額を導き出さなければいけませんが、**大切なのは１円の行方を追いかけることではなく、全体の傾向をつかむことですから、家計簿も大まかでいいと思います**。神経質にやりすぎると想像するだけでも大変な手間がかかり、とても続けられそうにありません。

ざっくりと家計簿をつけた結果、自分の思いどおりに貯金ができていれば、安心してそのままの生活レベルを続けてください。しかし、収入を上回る支出で赤字になってしまうケースや、収支がトントンでまったく貯蓄ができないケースでは見直しが必要になります。

■住居費

賃貸なのかマイホームなのかで変わりますが、賃貸の場合は家賃補助があるのか、公務員宿舎なのか、それとも民間の賃貸住宅なのかで負担が変わります。住宅ローンを組んでマイホームを購入している場合は月々のローン返済額、マンションであれば管理費・修繕積立金。さらに固定資産税・都市計画税といった税金もかかります。これらが、どれくらいの支出なのかを把握します。

賃貸でも公務員宿舎などでも家賃負担が少ない場合は、より多く貯金ができるはずです。住宅ローンで返済が厳しい場合は、借り換えをして返済額の圧縮ができないかも検討しましょう。

■光熱費

家電は古いものより新しいほうが省エネ効果も高いです。また、今は電気自由化によって、さまざまなお得なプランも出ています。

■食費

夫婦2人、もしくは子どもが幼い家庭で自炊が中心であれば、そこまでかかるものではありません。共働きの場合は外食が多いケースや、夫婦の食事の時間が合わず別々に食べるため、コストがかさむケースもあります。

■通信費

スマホや自宅のインターネットなどの通信費も確認しましょう。携帯電話は各社でお得なプランを打ち出しています。自分が利用している内容と料金プランが合っているのか、まだ利用できる割引はないかを検討します。通話が少ないのであれば、格安スマホも検討します。

注意点はこれから「５Ｇ」（ファイブジー）など、次々と新しいサービスが提供されるため、新しい情報を把握することが大切です。

■教育費

子どもがいる場合は、習いごとや塾、通信教育など、どれくらい教育費を使っているのか確認します。第一子の場合は複数の習いごとをさせるケースが多いですが、兄弟がいるのであれば差をつけないように調整しなくてはいけません。あれもこれも数が多くなると、習いごとの費用が家計を圧迫するので注意しましょう。

将来的に中学受験をするとなれば、ぐんと教育費の負担も重くなりますから、小学校の低学年までにどれだけ貯蓄できるかが勝負でしょう。この時期に習いごとをさせ過ぎると貯蓄ができないので、それが本当に必要なのかを見極めてください。

■車関係費

公共交通機関の発達した都市部に住んでいれば、自家用車は不要のケースもあります。使う頻度が少ない人ならカーシェアリングやレンタカー、タクシーを必要なときだけ使うほうが安く済みます。税金や保険料が安い「軽自動車」も検討しましょう。

■お小遣い

年齢や職種、役職にもよりますが、お小遣いは夫婦合わせて月3万円程度が適当といわれています。そして家計が苦しくなれば、妻は夫の小遣いを減らしたがります。

しかし、これも度が過ぎると、夫の仕事に対するモチベーションは低下し、最悪のケースでは給与査定にも響きます。「どうしても！」というときでも、まずは他の項目を再考した後で、それでも夫の協力が必要な場合に検討しましょう。少々夫目線での主張が強く出ているかもしれませんが、悪しからず（笑）。

このようにして、家計を洗い出したところで、月々の貯蓄可能額がわかるようになります。貯蓄する分は別の口座に取り分けてしまうか、積み立ての定期にして、ある程度定期が貯まったところで別の投資用口座に分けてもよいでしょう。

不必要な保険はないか見直し

続いては保険の見直しです。次項で解説しますが、月々数千円であっても積もり積もれば何万円、何十万円となっていきます。ましてや数万円の貯蓄型の保険に入っていれば、もっと大きな負担となります。

若いころに入って放置している保険、付き合いで入っている保険など、意外と自分がどのような保険に入って、いくら払ってどのような保障を受けているのか把握していないことも多いです。いま不必要な保険はないか一度見直してみましょう。

■生命保険

公益財団法人 生命保険文化センター「平成30年度生命保険に関する 全国実態調査〈速報版〉」によれば、生命保険の世帯加入率は全生保で88・7％（前回89・2％）とのことで、ほとんどの世帯が何らかの生命保険に加入しています。

そして、世帯加入件数は全生保で3・9件、年間で払込む保険料は38・2万円です。この保険料を30年間払い続けると、総額で1000万円を超えますから、住宅ほどではありませんが、相当に「大きな買い物」であるのは間違いありません。

最も生命保険の意味があるのは、既婚者で1人だけ働いているケースです。遺族年金もあるので、亡くなったからといって無収入になるわけではありませんが、これだけでは心もとないでしょう。それに子どもがいれば教育費も必要になりますから、一定の保障は確保したいところです。


これが共働きのケースになると、あなたに万一のことがあっても、生活を維持していくのは可能です。とりわけ配偶者も公務員なら必要性が大きく下がり、生命保険に入る意味はかなり低くなります。

もちろん共働き夫婦でも、配偶者の給与があなたよりかなり低ければ、あなたが亡くなった後の生活が心配になります。それを生命保険でカバーするのも賢明でしょう。その場合も、遺族年金や現在の貯金額を考え併せ、適切なレベルの保険にします。

また、住宅を購入するのであれば、住宅ローンを組むにあたっては、団体信用生命保険（団信）という、死亡や高度障害に対応した生命保険に加入しなくてはいけません。その場合、それ以外の生命保険に関しては、どれくらいの保障が必要なのかを再計算します。

気をつけたいのは貯蓄型の保険です。この場合、元本割れしてしまうケースが多いです。

掛け捨てはその名のとおり、万一のことがないと掛け金は戻ってこないので損だと考える方も多いですが、**掛け捨ての保険は貯蓄型に比べて割安です。**家族や家計の状況によっては活用していくのも良いでしょう。

■医療保険

これから入ろうとしている人は慎重に、すでに入っている人にとっては、見直しの要素が大きいのが「**医療保険**」です。

日本では国民皆保険制度により、すべての国民が何らかの医療保険に加入しています。年齢によって病院にかかる自己負担は異なりますが、基本は3割です。医療費に1万円を要したとすれば、３０００円を自分が負担します。

問題は、いくら公務員の給与が安定しているとはいえ、重い病気を患って入院した際、毎月何十万円もの医療費を払うのにどう対処するのかということです。

しかし医療保険には、医療機関や薬局の窓口で支払った額が、ひと月で所得ごとに定められた上限額を超えた場合に、その超えた金額を支給する制度として「**高額療養費制度**」があります。つまり多額の医療費がかかった際には、月々の支払い額が限定されるのです。

これだけでも安心できますが、共済組合の場合はさらに「**一部負担金払戻金**」という独自の制度があります。これは、高額療養費が支給されても、なお残る自己負担額が1件につき2万5000円（上位所得者の場合は5万円）を超える場合は、その超えた額が一部負担金払戻金として措置されるものです。

この共済組合による給付は、共済組合の掛金を払っているからこそ受けられる恩恵です。つまり、当然ながら医療保険にはすでに入っているのです。**そのため民間の医療保険に入る必要性は低いと考えます。**

ただし、「保険でカバーされない先進医療を受けたい」「長期の入院になれば医療費以外もいろいろ必要になるのでそれに備えたい」などの理由がある人は、それに合う民間の医療保険を探しましょう。

■公務員賠償保険

大きな責任を伴う仕事をしている公務員は、いつ、どんなトラブルに巻き込まれるかもしれません。「**公務員賠償責任保険**」とは、そうした経済的損失を補てんする公務員ならではの保険です。

たとえば、もしも訴訟を起こされたら争訟費用がかかりますし、敗訴にでもなれば多額の賠償金を払わなければなりません。もちろん普通に業務をしてさえいれば訴えられる可能性など非常に低いですから、この保険に入っていない人も多いでしょう。

ただし教員の世界では、この保険は絶対に入っておいたほうがいいと言われていました。

というのも、私の友人のケースですが、運動会で事故が起こり問題となっている組体操で指導者の管理責任を問われたことがあります。裁判にまで発展することもありますから、リスクヘッジのためにも賠償保険は必須でした。

給与天引きの財形貯蓄制度、互助会の貯蓄制度を活用

貯蓄するためには「貯め癖」を身につける必要があります。

「収入から生活費を引いて、残った分を貯蓄しよう」と考えるのは貯蓄が下手な人によくある傾向です。これではなかなか思うように貯蓄ができません。

逆に、**貯蓄の上手い人であれば「収入から先に貯金して、残ったお金で生活」します。まず、「貯蓄してその残りで生活」するのが貯めるための鉄則です。**

貯蓄の上手い人たちは、生活費から余ったお金をさらに貯蓄するので、ぐんぐん貯まっていきます。このように上手に貯蓄していくための方法をお伝えしましょう。

■財形貯蓄制度

月々の預金であれば、公務員であるあなたの職場に必ずある「財形貯蓄制度」の活用がおすすめです。

給与が振り込まれる前に天引きされるため、知らず知らずのうちに貯蓄でき、また、普通預金のように簡単にカードで引き出すわけにもいかないので着々と貯まっていきます。

一度でも貯め癖がついたら、後はどんどん貯まっていきます。

■互助組合や互助会、共済会などの貯蓄制度

財形貯蓄制度の他に、職場の福利厚生で貯蓄金利の優遇がされています。

たとえば、あなたが在籍している公務員団体「共済組合・互助組合・互助会・共済会」などは財形制度と同じく天引きで、かつ利率がとても高い貯蓄制度というメリットがあります。

民間の金融機関の普通預金の利率は０・02％ですし、これより金利の高いネット銀行でも定期預金でせいぜい０・３％前後です。

それに比べてほとんどの公務員団体では貯蓄利率が１～２％です。ある共済組合では定期で３％を超えるところもありますから圧倒的にお得なのです！

まとめ

支出の洗い出しをして
無駄をカット。
家計を見直せば
収入が増えなくても
貯金を殖やすことは可能。

第4章

お金を殖やすには投資が必須

長期にわたる資産形成の必要性

第2章の老後資金の項目で紹介した「**老後2000万円問題**」では、「年金だけでは2000万円が足りない！」ということがセンセーショナルにクローズアップされている印象を受けます。しかし、実際には不安をあおるだけでなく、どのようにしたらいいのかまでが述べられています。

以下、融審議会「市場ワーキング・グループ報告書」から一部を抜粋します。

長寿化に伴い、資産寿命を延ばすことが必要

夫65歳以上、妻60歳以上の夫婦のみの無職の世帯では毎月の不足額の平均は約5万円であり、まだ20～30年の人生があるとすれば、不足額の総額は単純計算で1300万円～2000万円になる。この金額はあくまで平均の不足額から導きだしたものであり、不足額は各々の収入・支出の状況やライフスタイル等によって大きく異なる。当然不足しない場合もありうるが、これまでより長く生きる以上、いずれに

せよ今までより多くのお金が必要となり、長く生きることに応じて資産寿命を延ばすことが必要になってくるものと考えられる。重要なことは、長寿化の進展も踏まえて、年齢別、男女別の平均余命などを参考にしたうえで、老後の生活において公的年金以外で賄わなければいけない金額がどの程度になるか、考えてみることである。それを考え始めた時期が現役期であれば、後で述べる長期・積立・分散投資による資産形成の検討を、リタイヤ期前後であれば、自身の就労状況の見込みや保有している金融資産や退職金などを踏まえて後の資産管理をどう行っていくかなど、生涯に亘る計画的な長期の資産形成・管理の重要性を認識することが重要である。

出典：融審議会「市場ワーキング・グループ報告書」p21
https://www.fsa.go.jp/singi/singi_kinyu/tosin/20190603/01.pdf

かみ砕いて説明すれば、「**老後資金は人によって変わるものだから、どの程度の金額が不足するのかを考えなくてはいけない**」ということ。さらに現役期であれば資産形成を、定年前後であれば資産管理が重要であるという主旨です。

くわえて現役期における資産形成については、長期・積立・分散投資の有効性を述べています。要は「足りないから困る！」という話ではなく、「**将来、足りなくならないよう**

に資産形成・資産管理を勧めている」のです。

老後にお金を残すためには、前述したように教育資金や住宅資金もしっかりと計画的に準備する必要があり、この報告書に記載されているとおり、**現役期においてはとにかく早いタイミングで「お金を殖やすための行動」を起こすことが必要なのです。**

預金ではお金は殖えない

では、実際にどのように資産形成すればよいのでしょうか。

第3章で行った家計の見直しから、月々の収支が把握できました。もしも赤字であれば黒字になるように家計を改善しなくてはいけません。そして黒字であれば、月々いくら預金できるのかを把握します。

そうして毎月の給与収入もしくはボーナスからお金を貯めていきます。各家庭によって預金スピードは変わりますが、ある程度のまとまった資金をつくり、そのお金を運用して、お金を殖やしていきます。

ここからは、お金を殖やすための、具体的なノウハウをお伝えします。

資産運用には多くの種類があり、大きく分けて「**預金による資産運用**」と「**投資による資産運用**」があります。

【預金による資産運用】

普通預金、定期預金、積立定期預金、財形貯蓄など

【投資による資産運用】

株式投資、債券（国債、社債）、投資信託、ＥＴＦ、ＲＥＩＴ、仮想通貨、金、外貨預金、ＦＸ（外国為替証拠金取引）、不動産投資など

預金は「銀行にお金を預けること」です。

ほとんどの人が口座振込で給与を受け取りますから、まったく預金をした経験がないという人もいないでしょう。

ただし預金についていえば、運用するための資金づくりには有効ですが、お金を殖やすには向いていません。

過去を振り返ってみれば「金利生活者」という言葉が普通に使われていた時代もありました。１９７０年代から１９９０年ごろまでは、金利６％以上という水準がざらにあったといいますから驚きです。

退職金が３０００万円を金利６％の定期預金に預けておけば、年間１８０万円の利子が付く計算です。これを1カ月で計算すると15万円ですから、定期預金と年金を合わせれば十分に暮らしていけたことでしょう。

しかし、今ではそんな高金利の定期預金はありません。比較サイト「価格．ｃｏｍ」の「定期預金比較」を見れば、ランキング1位は「オリックス銀行　eダイレクト定期預金」ですが、その金利は預入期間によって変わりますが、０・１０００〜０・２２０％です（２０２１年３月調べ）。普通預金にいたっては３大メガバンクで０・００１％ですから、いくら銀行にお金を預けたところで、お金を眠らせているだけとなります。

なぜ、こんなに金利が低いかといえば、１９９９年「ゼロ金利政策」、２０１６年「マイナス金利政策」といったような低金利政策が続いているからです。

金利を低くすることで、お金は借りやすくなりますし、預けておくよりも使ったほうがいい、もしくは運用したほうがいいという流れとなり、経済の活性化を狙っているのです。

なお銀行にお金を預けてもお金は殖えませんが、メリットとしてはお金を借りるのも金利が低いため、資金調達においては優位に運びます（こちらは第5章で詳しく解説します）。

お金を殖やすためには「運用＝投資」が必須

お金を殖やすためには預金が不向きということがわかりました。
そこで投資による資産運用を検討します。株式や債券などを運用する……つまり「**預金から投資へ**」シフトすれば、もっとお金を殖やせる可能性があるのです。

改めて投資を説明すると、「**投資とは、お金を投じることで将来それ以上の利益になって返ってくるのを期待する行為**」です。収益を期待してお金を投じるのですが、その対象として「**株**」や「**投資信託**」や「**不動産**」などがあります。

預金と比較すれば、**預金が「お金を貯める」**、**投資は「お金を動かしながら殖やす」**というイメージとなります。

投資との対比には投機もありますが、収益を期待する点においては投資と同じではありますが、**投資は「資本」に投じ、投機は「機会」に投じる**、という違いがあります。

投機の多くは相場の変動を利用して利益を得ようとする短期的な取引となり、相場の変動が大きく、タイミングが会えば大きな利益を得る可能性もありますが、ギャンブルの要素が強くなります。

基本的には預金で原資をつくり、そのうえで投資で運用すべきです。

また、投資においては時間軸の考え方が大切です。

それこそ、「1カ月後に資産を100倍に増やしたい！」と思えば、全額を失うくらいのリスクをとる必要もありますが、反対に「30年をかけて年利3％で殖やしていきたい」という長期目標を掲げるなら、それほど大きなリスクを伴うことはありません。

資産運用はじっくり時間をかけて地道に取り組んでいくことがコツとなるのです。くわえて長期投資に関していえば、次項で解説する複利の効果をいかに活用できるかがカギとなります。

複利の効果でよりお金を殖やす

長期にわたる運用において「単利」と「複利」とでは、最終的な結果に大きな差が出ます。

【単利】

当初に預け入れた元本に対してのみ、利息がつく計算方法です。

たとえば100万円を年利10％で単利運用すれば、毎年10万円の利息がつきます。これは当初の元本に対してのみ利息がつく計算がされ、元本（100万円）と利息（10万円）は毎年同じ金額です。2年目も同じく10万円の利息がつくので、2年目には120万円に増えます。こうして毎年10万円ずつ増えていく計算になります。

【複利】

運用期間中に発生する利息を、元本にプラスしながら利息を計算する方法です。

100万円を年利10％で複利運用すれば、1年目の利息は10万円で「単利」と同額ですが、2年目はこの10万円と当初の元本である100万円を足した、110万円を新たな元本として利息を計算します。110万円の10％は11万円になりますから、ここで単利の10万円と1万円の差ができます。

利息が利息を生んでいく……それゆえに単利と比べて有利なのです。そして運用を長く続けるほど、単利との差が広がります。

2年目にはたった1万円ですが、これを毎年続けていくと、**運用年数20年目には、単利での運用は３００万円、複利ではなんと６８３万円という大きな差が出ます。**これを「**複利効果**」と呼びます。

この効果は、運用期間が長期になればなるほど大きくなります。資産運用は複利効果を活用しながら、時間を味方に付けて長く継続することが重要です。

そのためには毎月一定額を積み立てていく方法こそが、まとまった資金のない公務員に向いています。

次ページのイメージ図（**図４―１**）をご覧ください。

このように最初はわずかな利息の違いでも、長期で運用することにより、利息が利息を生んでいく複利効果が働いて加速度的に差が開いていくのです。つまり、投資は「**無理のない範囲で長く行う**」ことが非常に大切です。

図4-1

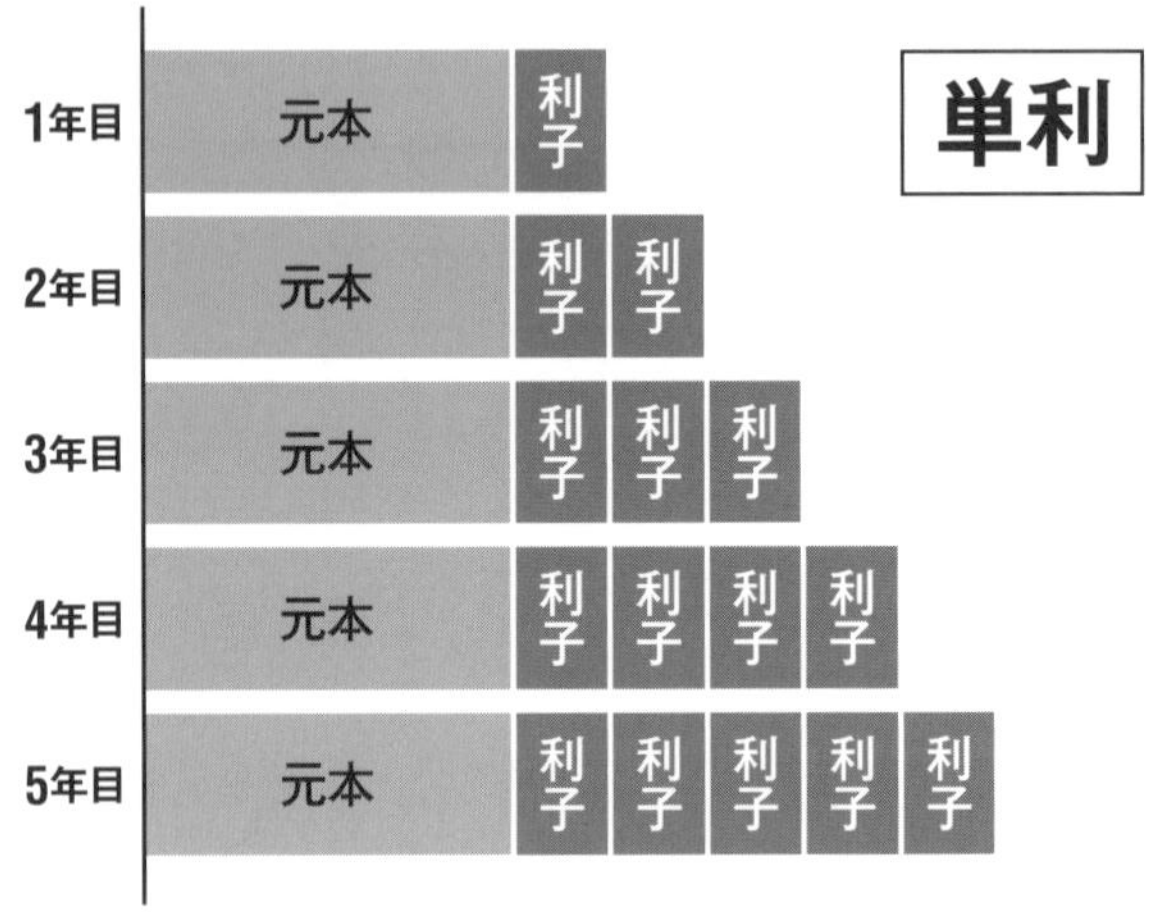

単利
1年目
元本
利子
2年目
元本
利子
利子
3年目
元本
利子
利子
利子
4年目
元本
利子
利子
利子
利子
5年目
元本
利子
利子
利子
利子
利子

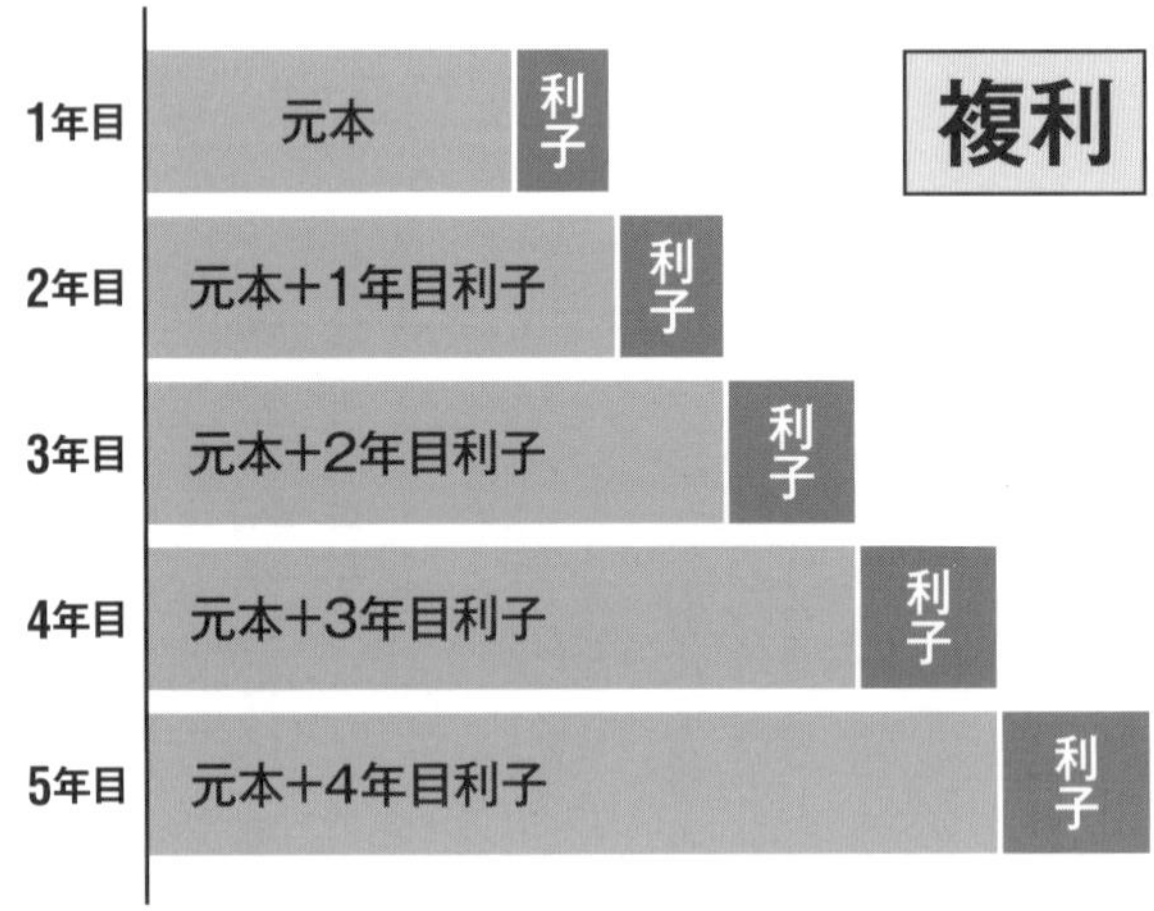

複利
1年目
元本
利子
2年目
元本＋1年目利子
利子
3年目
元本＋2年目利子
利子
4年目
元本＋3年目利子
利子
5年目
元本＋4年目利子
利子

投資でチェックすべきはリスクとリターン

また前にも述べましたが、公務員は投資に対して非常に保守的で消極的な傾向がありま す。ご存じのとおり、投資には絶対の成功はありませんから、こうした慎重な姿勢は決して悪いことではありません。

投資商品の種類には、安全性を重視するローリスクなものから、収益性を重視したハイリターンな商品まで数多くあります。

リスクとリターンは表裏一体です。ハイリスク投資こそハイリターンの可能性があり、反対にローリスクであれば、リターンも低くなるものです。

ハイリターン商品に投資してばかりで収益性を重視していると、失敗したときは多額の損失を被ることになります。その一方で、安全性を重視しすぎては、ほとんどリターンを得られません。

また、リスクというといかにも危険なイメージがつきまといますが、**投資の世界におけるリスクとは「不確実性」であり、「必ず利益が出るとは限らない」という意味合いにな**

ります。

ＦＸでマイナー通貨に投資する場合でたとえると「マイナー通貨は供給量が少ないため、レート変動が激しくリスクが高い」とされています。これは「マイナー通貨は危険」という意味ではなく、「得られるリターンの不確実性が高い」と考えます。

危険は避けたほうがよいですが、「不確実性」ということであれば、リスクを知ってコントロールすることが大事です。

たとえば、ＦＸのメジャー通貨とマイナー通貨の配分であれば、マイナー通貨への割合を減らすといった形です。

くわえてリスクには高低だけでなくさまざまな種類があります。共通するリスクもありますが、その投資手法ならではのリスクも存在します。

株式投資では株価の変動する「価格変動リスク」や、倒産を危惧される「信用リスク」などがあります。

これが、外国株であれば、為替相場の変動の影響による「為替リスク」もあります。

ＦＸなら為替リスクにくわえて、その時々の金利水準によってスワップポイントの受払いの金額が変動する「金利変動リスク」に「強制ロスカット」もあります。

「強制ロスカット」とは予測される損益がある一定の数値に達した際、それ以上の損失拡大を防ぐために強制的に決済する制度のことを指します。

主に暴落や暴騰時に投資家保護のために行われるため、自動的に損益が確定してしまうのですが、ある一定の金額を失っても「損を拡大させない」ということも重要なのです。


このように投資では、お金が増えるどころか減る可能性もありますが、リスクを把握しておけばその対策を考えられます。

そして、**リスクを受け入れた人にだけリターンがやってきます**。

「そんな当たり前のことわかっているよ」と思われている人も多いと思いますが、この原理原則はとても重要なので反芻して腹に落ちるまで理解するようにしましょう。

公務員は安定志向でリスクを極端に抑えたがる人が多いですが、それではわずかなリターンは得られても大きなリターンを得ることはできません。「これくらいのリターンがほしい」もしくは「これくらいのリスクなら許容できる」というご自身の指針を先にしっかり定めておくことが大切です。

よくある失敗例として、最初はリスクにびくびくしていたのにちょっと成功しだした時や、自分より成功している他者と比べた時に、当初設定していた目標リターンを際限なく大きくするケースがあります。人は欲深い生き物です。もらえるリターンは大きいにこしたことはないですが、その分リスクも大きくなるという認識が抜け落ちていくのです。

環境や置かれている状況は一人一人違いますから、自分の状況を冷静に判断して、他人に左右されることなく目標設定をしっかり行いましょう。**この目標設定の段階で投資の成功が半分決まるといっても過言ではありません。**

目標が定まったら、それぞれの運用商品がもつリスクの種類と大きさを把握し、目標達成にかなう商品を取捨選択していくようにしましょう。

大事なのは「ほったらかし」できること

また、私が投資対象を選ぶ際、とくに注目している部分に「**ほったらかしできるか**」があります。

なぜなら公務員という本業を持ちながら、投資に時間をかけすぎて本業がおろそかになることだけは絶対に避けなければならないからです。

国家公務員法第96条第1項において「すべて職員は、国民全体の奉仕者として、公共の利益のために勤務し、且つ、職務の遂行に当たっては、全力を挙げてこれに専念しなければならない」とあります。これを俗に「**職務専念の義務**」といい、地方公務員法にも同様の条項が載っています。

過去には、「勤務時間中に私用のスマートフォンや業務用のパソコンを使って業務に関係ない株価を閲覧した」ことで減給処分を受けた事例があります。

かく言う私も、かつて株式の短期売買に興味をもっていた時は職務中も値動きが気になって気が気でない状態になり、業務に支障をきたしかねないと思い「このスタイルではダメだ」と判断しました。

公務員たる者、本業に支障ない形で取り組めることを大前提に投資手法を取捨選択していきましょう。

では、実際にどのような投資手法があるのか、その注意点、それからお勧めの投資対象を紹介します。

110ページに投資対象とリターンとリスク、ほったらかし度（手間のかからなさ）などをまとめました（**図4-2**）。それぞれの特徴は表にある解説を読んでほしいですが、とくに注意いただきたい点を挙げていきます。

株やFX、仮想通貨など常にその相場を把握しなくてはいけない投資は世界経済の変化に大きく左右されます。

株は値動きが非常に速く、株式の銘柄によっては秒単位で変動していきます。定期的に売り時を見極める必要があり、常に勉強と情報収集が求められる投資です。できなければ、適切な売り時・買い時を見逃します。

値動きについていては、今はスマホでチェックもできますが、勤務中にこれをやると、先に述べたとおり処分対象になりますので絶対にやめましょう。

ですから、こうしたスピードの早い投資で利益を得ようとするならば、常にアンテナを張り巡らせて経済情報を仕入れなければいけません。そうなると公務員にとって株式投資、ＦＸなどといったスピードの早い投資は適していません。

くわえて、**ＦＸ**にはレバレッジがあります。レバレッジとは「てこの作用」を指し、少ない資金で大きな投資を行えます。これこそリターンも大きい代わりにリスクも大きくなります。自己資金以上の取引ができるということは、それだけリスクも大きくなることを意味します。

具体的には国内では自己資金の25倍までレバレッジをかけることができるため、利益も大きくなりますが、その損失割合も同じ25倍になります。

たとえば自己資金１００万円で１００万円という1倍の取引を行い、99万円で売却したら損失割合は１％です。

しかし、自己資金４万円で25倍のレバレッジをかけて、１００万円分の取引をした場合に99万円で売却すると、損失額は同じ1万円でも損失割合が25％です。

では、ほったらかしの代表ともいえる**投資信託**はどうでしょうか。

投資信託は安定的でローリスク、手軽に購入でき種類も豊富です。運用を任せられるため手間もかかりません。

私自身は、『人生にお金はいくら必要か〔増補改訂版〕』（東洋経済新報社）など多数の著作のある経済評論家、山崎元氏が提唱する**「外国株式のインデックスファンド」「国内株式のインデックスファンド」、それにくわえて「個人向け国債」**を中心に運用しています。

簡単に説明すれば、インデックスファンドとは「日経平均」や「ＴＯＰＩＸ」などに連動するファンドのことで、この指数に連動するファンドを購入しています。なお外国の株式では米国の「ニューヨーク・ダウ」「Ｓ＆Ｐ５００」などが有名です。


インデックスファンドの良いところは、連動する指数と同じような動きをしますので、把握がしやすいです。

また、投資信託ではプロへの報酬などの手数料がかかりますが、インデックスファンドの場合、この手数料が低めに設定されているのもメリットです。

注意点としては、運用先が株式なら元本保証はありません。なによりも商品の質にバラつきがある点を注意すべきです。

安定的な商品も多いですが、かつてサブプライムローンの債権（リーマン・ショックの原因）を組み込まれた粗悪商品もありましたので、しっかり選定する必要があります。

とはいえ投資のプロが自分に代わって運用してくれるため、株式より安心感がありますし、ほったらかしにしておくことができます。さらには複数の運用先に投資するためリスクを分散ができ、少額からでも購入することが可能なのも大きな魅力です。

私の場合、国内株式、海外株式の指数に連動するファンドにくわえて、個人向け国債の他に、株式投資であれば配当金や優待を狙った投資、ＦＸならレバレッジをかけずにスワップ（金利）を狙った投資をしています。これらの手法は手間もかからずリスクも低いため「**守りの投資**」としてお勧めです。

図4-2

投資対象	リターン	リスク	ほったらかし度
株式投資	★★★★★	★★★★★	★☆☆☆☆

特徴　株価は変動が大きく、ハイリスク・ハイリターン投資となる。ただし、投資額以上の損はしない。配当や優待を狙う手法であれば手間はかからず、ほったらかし度は高い。

投資対象	リターン	リスク	ほったらかし度
個人向け国債	★☆☆☆☆	★☆☆☆☆	★★★★★

特徴　リスクがほぼなく、安全に資産を運用できるが、大きく増えることが期待できない。銀行預金より利率が高いもので運用したい人向け。

投資対象	リターン	リスク	ほったらかし度
個人向け社債	★★☆☆☆	★★☆☆☆	★★★★☆

特徴　国債よりは若干リスクが高い。満期まで保有すれば決まった利息が受け取れる。個人向け国債よりは、もう少しリターンを得たい人向け。

投資対象	リターン	リスク	ほったらかし度
投資信託	★★★☆☆	★★★☆☆	★★★★☆

特徴　国内・国外問わず多数の商品から選択可能。運用もプロに任せることができるが手数料がかかる。ただしネット証券であれば手数料は抑えられるし、ノーロード（手数料無料）の商品もある。

投資対象	リターン	リスク	ほったらかし度
ETF（上場投資信託）	★★★☆☆	★★★☆☆	★★★★☆

特徴　日経平均株価やTOPIX（東証株価指数）、NYダウ等の指数に連動するように運用されている投資信託の一種で、投資信託そのものが上場された投資商品。株式投資同様、手軽に売買できる。手数料も比較的低め。

投資対象

REIT（不動産投資信託）

リターン	★★★☆☆
リスク	★★★☆☆
ほったらかし度	★★★★☆

特徴　投資対象先に不動産を組み入れることができる投資信託で、少額から行える不動産投資。リスクも低めで、高い利回りの投資商品。

投資対象

仮想通貨

リターン	★★★★★
リスク	★★★★★
ほったらかし度	★☆☆☆☆

特徴　仮想通貨とは、インターネット上でやりとりできる財産的価値。価値が何倍にもなりえる反面、暴落の可能性もあり、目が離せない。詐欺にも注意。

投資対象

金

リターン	★★★☆☆
リスク	★★★☆☆
ほったらかし度	★★★★☆

特徴　貴金属のなかで最も普及している投資対象で、世界で価値が共通する。鉱物なので存在量に限りがあり無価値になることはないが、利息や配当を生まない。長期投資向き。

投資対象

FX（外国為替取引）

リターン	★★★★★
リスク	★★★★★
ほったらかし度	★☆☆☆☆

特徴　レバレッジがかけられるため少ない資金で大きな投資が可能。逆にいえば大損する可能性も。スワップを目的として、低レバレッジで長期保有するのであれば手間はかからない。

投資対象

不動産投資

リターン	★★★★☆
リスク	★★☆☆☆
ほったらかし度	★★★☆☆

特徴　安定した家賃収入を得て、将来の不労所得や年金対策になる。融資を使ってレバレッジをかけることができる。ある程度の自己資金が必要で流動性が低い。仕組みづくりができれば手間はかからない。

リスク・リターンに幅を持たせ、複数投資を組み合わせる

これらの投資は、ほったらかしで安定的に運用できるメリットはありますが、お金を殖やすためには、よっぽど大きな金額を投資するか、もしくは時間をかけるしかありません。

私はリスク・リターンにある程度幅を持たせて、複数の投資を組み合わせて行うのが効果的だと考えています。その際、**主軸におくべき投資は「不動産投資」にすることを推奨しています。**不動産投資は、大きなリターンを狙っていく「**攻めの投資**」と言えます。一般的に、攻めの投資はリターンが大きい代わりに「手間がかかる」「リスクも大きい」ことが多いのですが、不動産投資の場合はその限りではありません！

前者に関して、厳密にいえば、最初の段階では手間はかかります。しかし一度仕組みさえ作ってしまえば、自動的にまわっていく投資です。

後者に関して、まったく勉強をせずに飛び込むと、いわゆる〝カモ〟となってしまい、失敗をする可能性も高いですが、知識を学び、しっかり行動することで必ず結果は出ます。

くわえて公務員の持つ社会的信用を最大限生かしてレバレッジをかけることも可能です。その結果、不動産投資を主軸にした複数投資で、公務員の仕事をリタイヤすることもでき

ます。事実、私はそのようにして２０１９年に公務員を卒業しました。
次章からは公務員に最適な不動産投資について掘り下げていきます。

まとめ

公務員がお金を殖やすためには
ほったらかしにできる投資を
複数組み合わせるのがオススメ！

少額投資非課税制度

「NISA」と「iDeCo」どっちがいいの？

「NISA」（ニーサ）「iDeCo」（イデコ）の共通の特徴としては、運用益や配当にかかる税金が非課税となります。また、どちらかを選ぶのではなくて併用することができます。

「NISA」は、利用できる投資商品が多数あり、証券取引所に上場している国内外の個別株・投資信託・REIT・ETFなどすべて対象です。「iDeCo」は積み立てという形でしか運用できませんが「NISA」には制限はなく、年間120万円の範囲での商品購入が可能で「積み立てNISA」もできます。

「NISA」のデメリットは非課税で運用できる期間が5年以内、長期間非課税での運用はできません。ただし「つみたてNISA」の投資額は最大で年間40万円と「NISA」よりも少額ですが、非課税で運用できる期間は2037年と長く設定されています。

また、いつでも売却して証券会社の口座などから出金できます。売買して利益が発生しても非課税となりますが損益通算ができません。なお「NISA」と「積み立てNISA」の併用はできません

対して「iDeCo」（個人型確定拠出年金）は、老後の備えに特化した制度となるため、60歳以降にならないと引き出すことはできません。ただし、積み立ての停止や掛け金の変更は可能です。

毎月一定額の拠出を行い運用しますが、投資対象は10数本の投資信託から選択することになり、「NISA」にくらべて選択肢が多くありません。

掛け金に所得控除が適用されるため、住民税と所得税を軽減可能ですが、受け取り時に所得税がかかります。ただし、一括で受け取るなら退職所得控除、年金として受け取るなら公的年金等控除の対象となります。

制度の違いを把握すると「NISA」は中期での運用となり老後までの資産形成、「iDeCo」は老後に備えての資産形成という位置づけとなります。それぞれの特徴を把握するとともに、ライフプランや目的を考えて選択しましょう。

図4-3
NISA・つみたてNISA ・iDeCo(イデコ)の特徴

	一般NISA	つみたてNISA	iDeCo（イデコ）
運用期間	5年（最長10年）	最長20年間	加入から60歳まで （10年間延長可能）
運用商品	株式・投資信託・ REIT・ETFなど	金融庁の設定した 長期・積立・分散投資 に適した基準を クリアした 投資信託とETF	定期預金・保険 （元本確保型） iDeCo用の投資信託 （元本変動型）
運用額	1年間で投資できる 上限が40万円、 最大800万円	1年間で投資できる 上限が40万円、 最大800万円	年額 14万4,000円～ 81万6,000円 (加入している年金制度により異なる)
換金	いつでも可能	いつでも可能	60歳まで原則不可
節税効果	・運用で得た利益が 非課税になる	・運用で得た利益が 非課税になる	・積立時の掛金が 全額所得控除 ・運用で得た利益が 非課税になる ・年金を受け取るときに一括受取は退職所得控除、分割受取は公的年金等の控除の対象になる

第5章

公務員に最適な投資とは

不動産投資とはどんな投資なのか？

ここまでさまざまな資産運用の方法や投資商品について解説してきましたが、第5章では私自身がメインに行っている不動産投資について解説します。

不動産投資と聞くと「失敗」「危険」といったキーワードが思い浮かぶ方も少なくないでしょう。記憶に新しいところでは、スルガ銀行をはじめたとした不正融資問題などもあり、ネガティブなニュースを見たことのある方もいるかもしれません。

不動産投資はたしかにやり方を間違えれば危険な側面もありますが、**衣食住の「住」を担う社会にとって必要不可欠なものです。**「大家さんが所有する部屋を入居者に貸して、月々の家賃を得る」という昔からあるシンプルなビジネスで、近所のおじいちゃん・おばあちゃんが大家さんをしていたという話も耳にしたことがあるのではないでしょうか。

公務員であるあなたが不動産投資をはじめる場合、まずアパート・マンションなどの収益物件を購入もしくは建築します。そして入居者を募り貸し出します。その際には、専門の管理会社、賃貸仲介会社に任せることができます。

入居者はオーナーである投資家に月々の家賃を支払い、それが収益となります。家賃は長期で見れば徐々に値下がりしますが０円になることはありません。古くなれば建物や設備に不具合が出ますが、建物がいきなり崩壊するようなことは滅多にありません。また詳しくは後述しますが災害に対する備えもできます。

ここでポイントは「家賃＝儲け」ではないことで、不動産投資には支出もあります。ローン返済をはじめ、設備の修繕や入退居毎のルームクリーニングや原状回復工事（部屋を元の状態に戻す工事）、共有部の清掃、そのほか入金管理やクレーム対応といった物件や入居者の管理も必要ですし、そこを管理会社に任せれば管理委託費用もかかります。

つまり、受け取った家賃からローン返済や管理費、修繕費、固定資産税などの経費を差し引いたものが利益となるのです。この利益となる金額を**「キャッシュフロー」**と呼びます。

不動産投資では、このキャッシュフローをしっかりと得られる物件を取得しなくてはいけません。

【キャッシュフローの計算法】

キャッシュフロー ＝ 収入（家賃＋共益費・自動販売機などの収入）－ 支出（ローン返済額＋管理費・修繕費・税金など）

図5-1 不動産投資の仕組み

不動産投資は、公務員に最適な投資

さて、私がなぜ不動産投資を公務員にオススメするのか。

不動産投資のメリット・デメリットや特徴については次項より詳しく解説しますが、大前提として不動産投資は**「公務員という属性を最大限に活かせる投資法」**だからです。

そもそも**公務員は社会的信用が高い職業**です。

第１章の冒頭でも書きましたが、一般的にはリストラも倒産もなく、民間企業では望めなくなった終身雇用制度が今なお生きています（あくまで第１章で解説した懲戒免職・分限免職にならなければ……の話ではありますが）。

私自身はそこまで公務員が安泰であるとは考えていませんが、世間からはそう思われているのが大きなポイントとなります。

というのも、不動産投資では銀行融資が欠かせません。現金だけを使った投資手法もありますが、よっぽど多額の資産を持っている人を除けば、融資を受けてレバレッジをかけた投資を行うほうが効率的です（その理由は１２９ページにて解説します）。

図5-2 銀行員が見る属性

1位	公務員
2位	医師や会社代表等
3位	上場企業のサラリーマン・士業
4位	一般サラリーマン
5位	個人事業主

そして、融資を受けるにあたり、キーとなるのが「**個人属性**」です。「個人属性」とは年齢や家族構成、勤め先や年収など、金融機関がその人にお金を貸してもいいのか、その信頼性を判断する基準となります。

年収は高ければ高いほど良いし、勤務先が中小企業であるよりは、大手企業のほうが属性は高くなります。

もちろん、士業や医師なども高属性ではありますが、安定的な職業という点において、公務員はそこまで給与が高くなくても高属性と見てもらえるのです。

なぜなら、公務員という属性は、前述したように世間一般から見てリストラや倒産・減給といったリスクが限りなく低いからです。

参考までに銀行員が見る属性を表にまとめました。

意外かもしれませんが、**公務員は医師や会社代表よりも属性が高く見られているのです。** その強みを活用しない手はありません。

不動産投資の優位性とは？

続いて、不動産投資の優位性について紹介していきます。

先にも述べたとおり、私が公務員の皆さんへオススメする投資において、もっとも重視する部分は「**ほったらかしにできること**」です。その点を踏まえたうえで、不動産投資が他の投資よりも優れている点は主に次の５つです。

【メリット①】安定収入が得られる

投資における収入源は、主に「**インカムゲイン（運用益）**」と「**キャピタルゲイン（売却益）**」があります。不動産投資の場合、家賃収入のように毎月一定額入ってくる利益をインカムゲインといいます。不動産を安く購入して高く売れることで得られる一時的な利益をキャピタルゲインといいます。よって不動産投資の場合、インカムゲインの側面が強いといえます。

株やＦＸの場合、第４章で紹介した配当やスワップのようなインカムを狙うよりも、値上がりしたタイミングで売却してキャピタルゲインを得ようとする人が多いわけですが、そのタイミングの見極めや損切りの難しさもあります。今人気の金（ゴールド）も長期的にまだまだ値段は上がっていくといわれていますが、持っているだけでは実入りはなく、売却するまで利益が出ていても手元にお金は入ってきません。

しかし、不動産投資なら市況に大きく影響されず毎月家賃が入ってきます。後述しますが不動産投資にはいくつかの種類があり、駐車場や店舗、オフィスなど住居以外の不動産も貸し出すことが可能ですが、**私はアパート・マンションなどの「住まい」を提供する住居系の不動産投資をオススメしています。**

住居系の不動産では、人の生活に欠かせない「衣食住」の住を提供するため、今回の新型コロナウイルスのような特別な事態になってもニーズが減りません。家賃が突然半値になることもありません。

極端なことをいうと、株式投資は紙クズになる可能性があります。あるいはＦＸでレバレッジを効かせていると、最悪のケースではロスカットといって強制的に損切りをしなくてはいけないこともあります。それに比べて住居系の不動産収入は上振れもしない代わりに、大きな下振れもなく、安定的な収入が得られるのです。

【メリット②】インフレに強い

インフレ（インフレーション）とは「貨幣価値が下がって、物価が上がること」。貨幣の価値が下がる理由は、世の中に貨幣がたくさん出回るからです。

物価が上がるというと好景気になるような印象を受けますが、これまで１５０円で買えたペットボトルのお茶が10倍の１５００円になってしまえば、給与も10倍もらわなければ生活していけません。貨幣価値が下がれば、銀行に貯金しておいたお金も目減りします。

日本経済はバブル崩壊後、デフレが続いています。しかし２０１２年以降のアベノミクスの金融政策では、デフレ脱却をスローガンに掲げ、日銀の黒田東彦総裁は「２％の物価上昇を目指す」と宣言しました。とはいえ実質的にはデフレ状況が続いています。

そして、２０２０年。８年ぶりに首相が交代して新しい内閣が発足しました。菅義偉首相は、安倍晋三前政権の経済政策であるアベノミクスを継承すると表明しています。つまりアベノミクス同様にデフレ脱却を目指しているのです。

今後、インフレになった場合、貨幣価値が目減りするので借金の重みが軽くなっていきます。また、物価が高くなったとしても、家賃も伴って上昇していくでしょう。これは不動産投資の強みです。

【メリット③】外注化の仕組みが整っている

先述したように「職務専念の義務」がある公務員にとって、不動産投資は一見ハードルが高めです。

しかし、**不動産投資は実は手間なく進められる、外注化の仕組みが整っている非常に優れた投資法なのです。**物件購入に関しては、不動産会社による仲介がいて購入となります。もちろん、自身でも物件を精査する必要がありますが、購入時には専門家が入って売買取引を行います。

物件購入後も管理会社やリフォーム会社、定期清掃会社などへ外注できる仕組みが整っているため、本業に支障をきたさずに済みます。購入して入居者さえ決まってしまえば、ほとんど時間と手間をかけなくてもよい状態になります。

完全な不労収入とは言い切れませんが、運用にかける時間と返ってくる収入のリターンとの関係でいうと、本業よりもよほど効率のよいものになります。

また、**人事院規則により副業できないと思われていますが、こちらについても不動産投資は可能です。**本章の最後に解説します。

【メリット④】土地の価値はゼロにならない

株やＦＸなど、他の投資商品では価値がゼロになることも考えられますが、**不動産投資の場合は最低でも土地の価値が残ります。**たとえ建物が古くなって使えなくなったとしても、更地にして土地として売却することができるのです。

融資を受けた場合に、時間の経過とともに残債は減っていくのに対して、土地の価値は残ったままなので、どんどん資産が大きくなり長期的な計画も立てやすくなります。土地建物総額の融資を引いたとして、最悪土地の価格まで残債が減れば、キャッシュアウトするリスクはなくなるので安心です。

【メリット⑤】レバレッジが効かせられる

他人資本でレバレッジが効かせられること、これが不動産投資の一番の魅力です。（レバレッジとはてこの原理で、少ない元手で大きな投資ができることをいいます）。

不動産投資は融資を受けて物件を購入しますが、それは、自分が持つお金の何倍ものお金を動かせるという意味です。その結果、少ない資本で大きなリターンを得られるのです。

融資の審査では「物件評価」「個人属性」の２つから、「この物件は融資をする価値があるのか」「この人物は融資をしても大丈夫なのか」と判断されます。

そして、これが冒頭に述べた公務員の属性を最大限に活かすポイントなのですが、公務員という属性は、融資審査において有利に働きます。

ここで注意が必要なのは、公務員は融資が借りられやすいのがメリットである一方で、デメリットでもあるということです。

なぜなら「融資を組みやすいため、利益を取ることしか考えていない業者からターゲットにされやすく、粗悪な物件を手にしてしまう恐れがある」からです。決して少なくない数の人がだまされているので注意が必要です。買ってはいけない物件についてはコラムにまとめましたので参考にしてください。

知っておきたい不動産投資のデメリット

不動産投資のデメリットとその対処法についてご紹介します。

【デメリット①】空室における収益減

不動産投資での主な収入源である家賃収入は、メリットでも書いたように安定的なものです。ただし、空室になると１円も入ってきません。

とくに区分マンションや貸し戸建てなど、１戸だけを所有する場合、退去があればまったく無収入になってしまいます。そのため**１棟マンションやアパートなど、複数の戸数を所有したほうがリスクヘッジになります。**

また、工場移転や大学の移転など、その地域の賃貸ニーズが変化するようなケースもあります。事前にしっかりと調べて賃貸ニーズがある場所を選びましょう。コロナ禍では、学生メインで運営していたアパートが、リモートワークに授業形態が切り替わったことで、一気に空室だらけになってしまったという事例もあります。

くわえて、３点ユニットの狭小ワンルームなど、かつては人気があった物件が、今は不人気であるということもあります。誰でも引っ越しの可能性はあるため入退去は避けられないものですが、退去してもすぐ入居のつくような物件を選ぶ目が必要です。

【デメリット②】家賃滞納・孤独死など入居者トラブル

人が住んでいれば、さまざまなトラブルが起きます。ありがちなのは騒音トラブルやゴミ捨てのマナー違反など生活にかかわるクレームです。こうしたトラブルには、管理会社が対応してくれます。

そのほか、不動産投資初心者から心配されるものに「家賃滞納」がありますが、これは家賃保証会社と契約することでリスクヘッジできます。「メリット③」にて不動産投資では外注化が整っていると書きましたが、家賃滞納に対しても仕組みがあるのです。

ここで簡単に説明しましょう。まず入居申し込み時に入居者が家賃保証会社の審査を受けます。審査を通って契約をすれば、もし家賃滞納をされても、家賃保証会社から家賃が支払われます。万が一、家賃滞納が続く場合は、法的な手続きを経て強制退去となりますが、裁判費用やその間の滞納家賃まで支払ってくれます。

また高齢化が進む日本では、高齢者の賃貸ニーズも高まっていますが、孤独死などに対応する保険や見守りサービスといった商品も出ています。

【デメリット③】地震・台風などの被害を受ける

ご存じのとおり、日本は地震大国です。一般財団法人国土技術研究センターによれば、日本は地球上で地震が起きやすい場所にあり、マグニチュード５・０の地震が全世界の10％、マグニチュード６・０以上の地震が全世界の20％が日本周辺で発生しています。

また近年では、気候変動やヒートアイランド現象などの影響により、局地的な豪雨（ゲリラ豪雨）もみられます。そのほか台風による強風、洪水や土砂災害など、天災としかいいようのない自然災害による被害が多発していますが、火災保険・地震保険による備えもできます。

一般的に火災保険は火災にだけ対応しているように思われていますが、実は雷による被害や風災、雪による被害等も、ほとんどの火災保険で補償されています。大雨による床上浸水や土砂災害、河川の氾らんなど水災に対応する保険もあります。なお、地震、噴火、津波は火災保険ではなく地震保険で補償されます。

【デメリット④】高額な修繕費の負担

不動産投資におけるもっとも大きな負担といえば高額な修繕費です。建物や設備が古くなれば、「エアコンが壊れた」「雨漏りがする」「外階段が錆びた」といった修繕が発生します。

とくに住宅設備には寿命があり、10〜15年ごとに交換が必要です。屋根の防水や外壁などにも寿命があります。

そのほか入退去の際には「原状回復工事」といって、人が住んで汚れたり古くなったりした壁紙や床などを、もとの状態に戻す工事が必要です。

これが一人暮らしのワンルームで数年住んだ程度では、そこまでの費用はかかりませんが、**ファミリー向けの物件で10年以上住んでいたとなれば、百万円以上かかってしまうケースもあります。**

これらの修繕費は必ずかかるものとして、購入時に長期修繕計画を立てておきましょう。また入退去における原状回復費用を見込んだ収支を計算します。

くわえて工事を行う際には、必ず見積りをとり料金が適正であるか確認します。同じ工事内容で複数の見積りを取ること（相見積り（あいみつ）と言います）で、安い業者・高い業者がいることがわかります。

最初から安くてよいリフォーム業者を探すのは難しいですが、見積りサイトの利用や、先輩大家さんに聞くなどして、業者さんの情報を集めることができます。

くれぐれも管理会社任せにはしないでください。管理会社にもよりますが、管理会社のマージンが多額に乗せられている場合があります。

とはいえ管理会社との関係性もあるので、少額の工事や原状回復は管理会社に任せて、高額の工事、大規模修繕は自身で割安な業者を探してもよいと思います。

【デメリット⑤】金利上昇リスク

不動産投資を行うにあたって融資を受ける人が多いでしょう。メリットの項目で説明したように、融資を受けてレバレッジを効かせることに意味があるからです。

この不動産投資用ローンは住宅ローンに比べて金利が高く、多くの金融機関では変動金利を採用しています。また金利をはじめとした融資条件は、どの金融機関から借り入れるか、また購入する物件、個人属性によっても大きく変わります。

しかし、変動金利で不動産投資用ローンの融資を受ける限りは、「金利上昇リスク」が発生します。今は低い金利で借りられたとしても、中長期的にみれば金利が上昇する可能性は高いです。

もしも、物件購入後に金利が上昇し借入返済額が大きくなれば、予定していたキャッシュフローが得られないという状況に陥ります。**この金利上昇リスクへの対策としては、変動金利を固定金利に切り替えて支払額の上昇を止める。もしくは自己資金を使って繰り上げ返済を行い、月々のローン負担を減らすといった方法があります。**

不動産投資にはさまざまな選択肢がある

そもそも不動産投資とは収益不動産を購入、もしくは借り上げ、それを第三者に貸し出して賃料収入を得る投資手法のことです。

ひと口に「不動産投資」といっても、その種類は実にさまざまです。駐車場、テナント、オフィス、そして住宅……住宅といっても一棟や区分や戸建て、木造やＲＣ造などがあります。

また、民泊、シェアハウス、太陽光、コンテナハウス、レンタルスペースなども不動産投資の一つといえます。始め方も相続だったり、キャッシュで買ったり、ローンを受けたりとさまざまです。

本書でいう「不動産投資」とは、自分でローンを組んで購入し、それを住居用として貸し出す方法を指しています。住居系以外だと金融機関は事業としてみなすため、融資のハードルが高くなります。

ここでは３つの視点から、投資法について考えていきましょう。

●新築と中古

新築のメリットは、**「入居者がつきやすい」「家賃が高く設定できる」「融資期間が長く取れるため融資がつきやすい」**の３つが主に挙げられます。

とくに３番目の融資期間については、そもそも融資が付かなければ不動産投資をスタートできませんし、長く借りられないと返済額が大きくなってキャッシュフローが出なくなるため、非常に重要なポイントだといえます。

一方のデメリットは、**「物件価格が高く利回りが低い」「家賃の下落幅が大きい」「ライバルが多い」**という点です。

新築のこれらデメリットを解消したのが、私がメインで取り組んでいる**「土地からはじめる新築不動産投資」**です。詳しくは前著『失

敗のしようがない「新築」投資の教科書』（ぱる出版）に譲りますので、よろしければご覧ください。

中古のメリットは、**「価格が安く利回りが高い」「家賃が下落しにくい」「減価償却が多く取れるので節税効果が大きい」**という点です。

一方のデメリットは、**「修繕やリフォームの資金がかかる」「入居者問題や物件の欠陥（契約不適合）が隠れている可能性がある」**などです。

●区分と一棟

区分とは、区分所有マンションのことです。一棟のなかの一室を買うことを指し、価格が

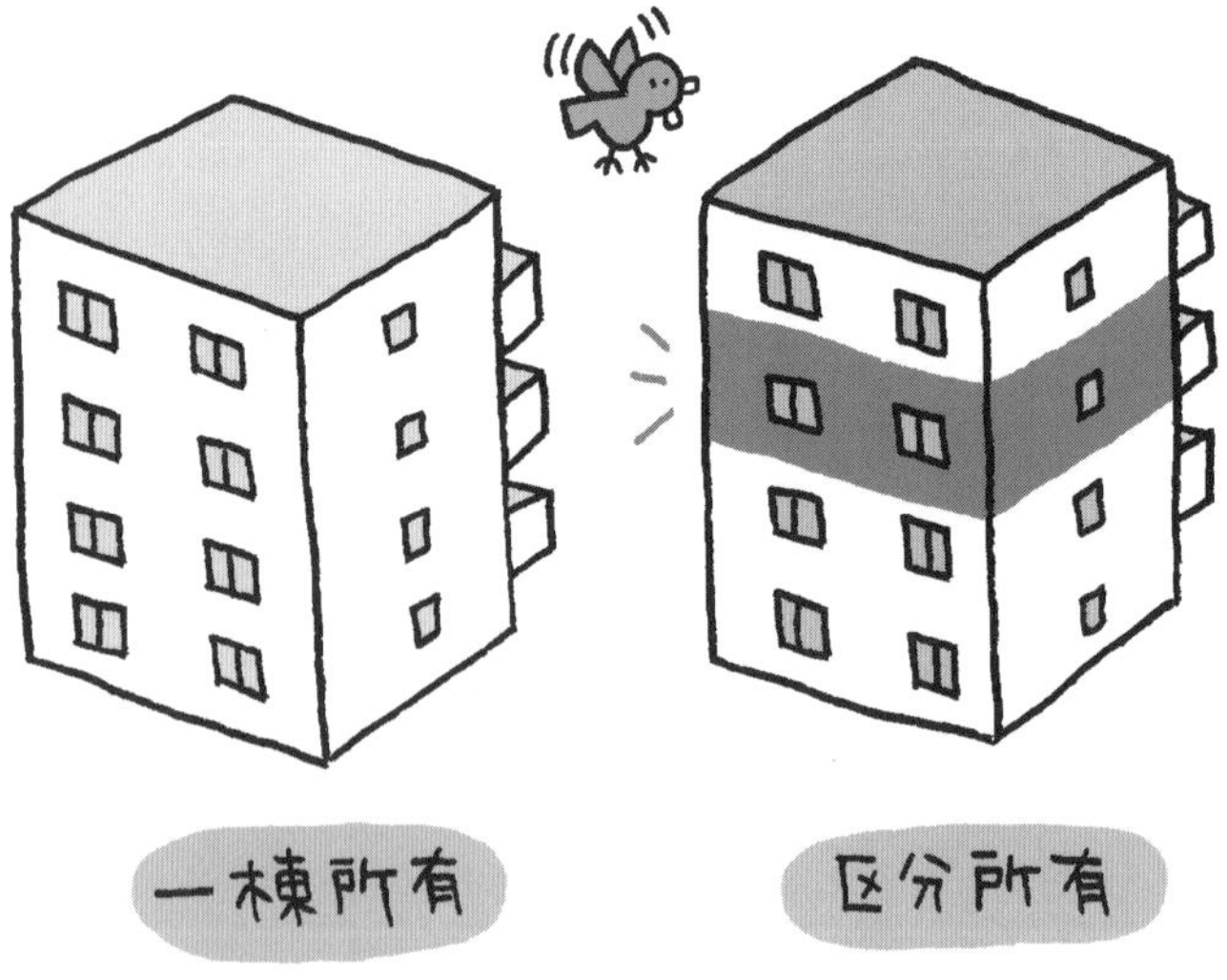

安いため初心者がはじめの一歩として買うのには向いているといえます。ただし、家賃が０か１００かの世界なので、空室になったら持ち出しになってしまいます。さらに、空室であっても管理費や修繕積立金は支払わければならないのがネガティブな要素といえるでしょう。

一棟は、アパート・マンションなど建物をまるまる所有することです。区分よりも収益率性が高く、土地も取得できているので物件としての価値はある程度残ります。また、空室が出たとしても、他の部屋からの収入があるのでダメージを補完できます。

他にも、一棟まるまる所有することになるので、大規模修繕のタイミングやバリューアップなど自分でコントロールできる部分が区分より多いのもメリットといえるでしょう。

ただ、価格が大きくなるので融資の難易度も高くなり、区分よりも審査は厳しくなります。また、自分でコントロールできることが多い分、責任も取らなければなりません。たとえば小さいところだと雑草やゴミの対応をどうするのか、大きなところだと大規模修繕をどのタイミングで行うのかを自分で決定する必要があります。そういう意味で、区分よりも経営的スキルを求められるといえるでしょう。

●都会と地方

都会は**「入居者がつきやすい」「家賃が高く取れるので入居者の質も比例して上がる」「売却時の流動性も高い」「融資がつきやすい」**などがメリットです。

デメリットは**「人気なので価格も高く、利回りが低くなる」「競争相手が多い」「積算評価と実勢価格の乖離が大きい」**という点です。

積算評価とは、土地の評価額＋建物の評価額で算出されます。

土地の評価額は、前面の路線価×土地の㎡（平米）数、建物の評価額は、建物の延べ床面積×再調達価格×（残存年数／法定耐用年数）で求めることができます。難しく思われた方、ざっくり言うと国が決めたその物件の価値です。銀行は国が決めた価値を重視する

ところが多いです。

「積算評価と実勢価格の乖離が大きい」とは、「実際に売っている価格（実勢価格）と銀行の評価の乖離が大きい」と言い換えられます。

一概には言えませんが、実勢価格は銀行の評価よりも高い傾向にあります。都会の場合、土地の人気があるので、より高く売られているケースがありますが、地方だとそれが逆転して銀行の評価より安く売られているケースもよくみられます。

つまり、都会の物件だから高い値がついて、たくさん借りられるわけでもなく、むしろ地方の国道沿い物件のほうが銀行評価は高いケースもあるのです。

これはメリットでもあり、デメリットでもあるといえます。「銀行評価は高いけれど、実際にはニーズがなく入居者がつかない」というケースもあるのです。この場合、固定資産税が実力よりも高くなる恐れもあります。

地方のメリットは**「価格が抑えめで利回りが高くなりやすい」「都心よりも競合が少ないので買いやすい」**という点です。一方、**「融資が付きにくい」「買いたい人が都会よりも少ないので売れにくい」**というデメリットもあります。

これからは、都会への人の流入、コンパクトシティ化が進んでいきますので、田舎のほうは少ないパイをどうやって手に入れるかの取り合いの様相が強くなっていくでしょう。だからといって田舎はダメというわけではなく、しっかりと需要があるエリアを見極めていけば勝機は大いにあります。また、良い住環境を提供するということは少なからず地方活性化に貢献できるという喜びもあります。

私は今、実家の福井に拠点を移し、東京にも月一で足を運ぶ二拠点生活をしています。都会と地方の両方で物件をもっているので、両方のメリットデメリットを相互に補う形で不動産投資を行えています。この手法もオススメです。

私が実践する負けない不動産投資法

ここまでさまざまな比較をしてきましたが、共通していえるのは**「リスクとリターンはトレードオフになっている」**ことです。

都会であれば賃貸ニーズは高く、将来的な資産性も下落する可能性は低いですが、そもそも利回りが低く収益が得られません。これが地方であれば、利回りが高くてキャッシュフローが高い分、空室リスクや長期的な需要減少リスクもあります。

区分マンションについていえば、初心者でも買いやすく売りやすい反面、管理費・修繕積立金などのランニングコストがかかり手残りは少ないです。かといって一棟物件は金額も高くなり区分マンションに比べて融資のハードルが高くなります。

築年数も同様です。新築であれば高めの家賃が取れますが、物件価格が高くなり、築古であれば安く買える分だけ、融資が付きにくく修繕費が莫大にかかる恐れもあります。

ですから、**「すべての条件が満たされたパーフェクトな物件はない」と考えましょう。**

誰もが収益性が高い物件を求めますが、どこかで折り合いをつけなければなりません。

たとえばよくあるケースで、新築ワンルームマンションを購入してしまう人は、「キレイで新しい」という表面的な部分に価値を置いているわけですが、実際には業者の利益がたっぷり上乗せされているので、投資対象としてはまったく魅力がないといえます。

逆に、ボロボロで見栄えが悪い物件でも、再生の知識やスキルがあり、低コストでリフォームをして貸し出しができるのであれば、投資対象としては優れています。

また、駅から離れた立地が悪い物件でも、家賃を調整したりニッチなターゲット（ペット可、外国人など）を狙ったりすることで、高稼働で運営できる可能性は十分にあります。

とはいえ、初心者の人がいきなりボロボロの物件や立地が悪い物件に手を出すのは、かなりハードルが高いと思います。

もちろん、初心者でも成功している例はありますが、決して楽な選択肢ではありません。少なくとも本業に影響をあたえず「ほったらかし」にすることは難しいです。

それらを踏まえて私がオススメしたいのは、新築物件ですが、前述したように、そうした物件は価格が高くなってしまいます。

そこで私が生み出したのが、**自分で土地を探して建物を建てる投資法です**。「不動産投資＝損をするのが怖い」と思っている人は多いですが、**この手法だと負ける可能性をかなり抑えることができます**。こちらは先述した前著で詳しく解説しているので、興味のある方はご参照いただければと思います。本書では、基本的な部分だけをお伝えいたします。

不動産投資を成功させるための大原則

不動産投資を成功させるための大原則は、相場より安く買うことです。

土地からはじめる新築投資の場合、「**相場より安く土地を仕入れること**」と「**コストパフォーマンスのよい建築会社で建てること**」が鍵となります。この2点は成功させるために絶対欠かせません。以降は前著と重複する部分もありますが、大事なことなのでダイジェストして解説します。

【原則①】割安な土地を仕入れる

原則①は、割安な土地を仕入れることです。ここで注意いただきたいのは「割安な土地」と「安い土地」は違うことです。

土地の相場はそのエリアごとに変わり、一般的に安い土地は賃貸需要が弱く、家賃が低いエリアです。一方で土地の値段が高いエリアは、賃貸需要が強く家賃も高いですが、家賃に対して土地の値段が高すぎるために収益性は低くなります。

安い土地がいい、高い土地がいいという尺度では不動産投資を成功させる原則から外れていきます。

割安な土地というのは、**「そこそこ高い家賃が取れるのに、土地価格はそこそこ安い土地」**ことをいいます。

具体的に割安な土地を探す狙い目をいえば、首都圏では大きなターミナル駅から乗り換えが少なく、おおむね40分以内にある賃貸需要が見込めるエリア。地方都市であれば、中心部を少し離れた車での利便性が高い賃貸需要の見込めるエリアです。

土地の狙いが定まったら今度は土地の相場を調べます。これはインターネットで調べることができます。

そうして土地の選定、相場の把握ができたら、ひたすら土地の情報を探していきます。良い物件はスピード勝負ですから、融資条件を事前に知っておくことが大切です。事前に融資先にあたりをつけて、銀行への融資打診をしておきましょう。

物件の探し方は、不動産のポータルサイト、大手不動産会社、地元の不動産会社などです。インターネットはもちろん、町の不動産会社へ足を使って訪れるのも一手です。

具体的な探し方、金融機関への当たり方などは、前項で紹介した前著に詳しく記載しています。

【原則②】コストパフォーマンスの良い建築会社で建てる

ここでも大切なのは「コスパが良いこと」と「ただ安いこと」は違うということです。いくら価格が低くても「安かろう悪かろう」ではまったく意味がありません。そこで探すのは、**「割安で質の良い建物をつくってくれる建築会社」**です。

割安で良い建物をつくってもらうためには、「少ない利益でも建てる側にメリットがあるように」という相手目線を持ちましょう。

たとえば、繁忙期に間に合うように建てるのではなく、少し時期をずらすなど工期に幅を持たせることで値段を安く交渉するなどです。

このように自分だけが得であるのではなく、先方にとってもメリットがあれば交渉は成功しやすくなります。お互い「ｗｉｎ‐ｗｉｎ」になれる関係を構築できるよう心がけましょう。

なお建築会社の選定にあたり、避けたほうがいいのは「建築家・設計事務所」「大手アパートメーカー」です。前者はデザイナーズ物件として付加価値を持たせることができますが、総じて建築価格が割高になる可能性が高いです。また、デザイン性を優先させるあまり居住性や収益性が落ちるケースもあります。

大手アパートメーカーについては、信頼性はあっても建築費が高いです。あらかじめ土地を所有する地主向けだと認識しましょう。

また誰もが知っているということは、それだけ広告費がかかっている証拠です。その広告費は建築価格に乗せられています。そもそも大手アパートメーカーは看板だけが大手で、実際に施工するのは下請けや孫請けの工務店です。

大規模が大手ハウスメーカーとするなら、中規模が建設会社、小規模が工務店というイメージを抱きますが、実際のところ建設会社と工務店に大きな違いがないケースも多いです。〇〇工務店という名前の年商数十億円の会社もあります。

またひと口に建設会社・工務店といっても事業規模や実績、どのような建物を施工するのが得意なのかがバラバラです。当然、アパートを施工したことがない会社もあります。

それでは、どのように選べばいいのかといえば、同じ内容で複数の見積りをとることです。複数の見積りを取ることを相見積り（あいみつ）といいます。

しかし見積りの見方によっては、相見積りで最も安い会社が良い会社とは限りません。ただ安い工事というだけでは、前述したように質が悪い場合もありますし、最悪の想定でいえば、財務状態が悪く工事の途中で倒産してしまう恐れもあります。ですから　最低でも3社は相見積りを取りましょう。

その他、建築会社の調べ方・ヒアリング方法・プランニング・建築費の計算方法については前著をご確認ください。

相場より安く土地を仕入れ、安く建物を建てることができれば、建てたと同時に相場で売却することもできますし、家賃下落にも耐えられる体力があるので長く保有することもできます。

これが負けない投資法であるといった本質であり、私は**「建てたと同時に勝ちが決まる最強の不動産投資法」**であるとお伝えしています。

売却しても利益が出る！

不動産投資を行うにあたり、冒頭でキャッシュフローを得ることが目的と説明しました。このように月々の家賃収入による利益をインカムゲイン（運用益）といいます。株式投資における配当やＦＸにおけるスワップも同様です。

不動産投資では、このインカムゲインとは別に、売却時に利益を得るキャピタルゲイン（売却益）も見込めます。それこそ株や投資信託などと同様ですが、購入と売却のタイミングが重要で、それは簡単にはできません。

不動産投資におけるキャピタルゲイン狙いも一般的には難しいとされていますが、私がオススメしている新築アパート投資は、複数のやり方のある不動産投資の中でも比較的にキャピタルゲインを得やすい投資法です。

ここで事例を挙げて説明しましょう。一般的に郊外ですと、表面利回り８％くらいですが、前述した土地から新築を企画し、表面利回り９％の木造アパートを建てた場合の10年後、20年後のシミュレーションです。

利回りというのは、投資した金額に対して得られる利益の割合を指します。不動産投資の利回りには**表面利回り**と、**実質利回り**があります。

【利回りの計算方式】

表面利回り＝収入（家賃＋共益費・自動販売機などの収入）÷物件価格×１００

実質利回り＝（収入－経費）÷物件価格×１００

実質利回りの経費とは、あるローン返済額＋管理費・修繕費・税金などです。

たとえば、築10年で表面利回り10％で売却したら売却価格・売却益は**図５－３**になります。

なんと10年間で約２２００万円もの売却益（キャピタルゲイン）を得ることができるのです。普通のサラリーマンでいう退職金くらいのインパクトがありますよね。

土地から新築を企画するのは確かにハードルが高いですが、得られるリターンも考えれば、大いにチャレンジする価値があると思います。

図5-3　長期シミュレーション

表面利回り:9%
融資条件:借入金額／1億円　期間／22年　フルローン

築年数	新築時	築10年	築20年
家賃下落率	0%	5%	20%
年間家賃	900万円	765万円	630万円
残債	1億円	5,455万円	909万円

売却したら得られるキャピタルゲイン

↓

年間家賃765万円 ÷ 表面利回り10% ＝ 売却価格7,650万円

売却価格7,650万円 ― 残債5,455万円 ＝ 売却益約2,200万円（キャピタルゲイン）

※売却に対して得た利益（譲渡所得）に対しては、税金の支払い（個人であれば譲渡税、法人であれば法人税）が必要です。

不動産投資で失敗しないために

ここまで私が行っている土地からはじめる新築アパート投資について解説しましたが、この投資手法は、公務員の社会的信用を利用して銀行融資を受けることを前提としています。

読者の皆さんの中には「いきなり大きな借金をするのは抵抗がある」と思われた人も多いでしょう。また、融資によるレバレッジに対して、自身はその効果を望んでいても「家族の理解を得られるだろうか」と不安に思う人がほとんどだと思います。

私は融資を受けて行う不動産投資が公務員にとって最適だと考えていますが、それはあくまで「自分自身が納得して、家族の賛成を得られる」という点をクリアしてこそ。私自身、借入れを許容するまでずいぶん勉強しましたし、家族の理解についていえば、妻はもちろん、父親に対しても賛成してもらえるまで多くの時間をかけました。

融資に対して少しでも「よくわからない。怖い、不安だ」という気持ちがあるのなら、まずはスモールスタートで不動産投資を行ってみてもいいでしょう。

現在、中古の戸建てであれば数百万円程度で物件が買えます。いってみれば中古車を買うくらいのイメージです。地方であれば300万円で家賃5万円程度、首都圏であれば少し郊外なら500〜600万円であります。ここでは現金で購入できる範囲で、地縁のあるエリアの中で、なるべく安い物件をオススメします。

どんな金額の不動産であれ、購入する際の手続きや購入してから行うことは同じです。中古の場合は修繕が必要なケースがありますから、そこは購入時点でリフォーム費用も見込みます。空室であれば部屋を商品化して貸し出すところからはじめます。オーナーチェンジ物件であれば、購入してすぐに家賃が入金されます。

売買仲介の不動産会社とのやりとり、管理会社や入居募集を行う賃貸仲介会社とのやりとり、それぞれの契約、そのほか、保険や税金など一連の流れを体験できます。いわば実体験をしながら不動産投資を学べます。

勉強に数百万円もつぎ込むなんて……と思われた方も多いでしょう。私が多くの公務員さんを見てきて思うのは、他の業種の方より「慎重で倹約家」な方が多いということです。一見良いことのように見えますが、**厳しい言い方をすると、投資の世界においては「実行力のない口先ばかりのケチ」というのが本質**です。

失敗や損を恐れるがあまりこのようなマインドに陥る人が多く、よく見られるのが、無料の情報だけに頼ってとにかくよく勉強します。

「タダほど高い買い物はない」という格言もありますが、私から言わせれば、無料に頼る考え方は成功を遠ざけています。

かく言う私も、投資を勉強し始めた当初は同じような思考を持っていました。インターネット上に無料で学べる大量な情報があふれている現代においては、「お金を払うのはもったいない」とついつい思いがちですよね。確かに、学びを始める時にまずはそこから情報を取っていくことを否定はしません。

しかし、そういった机上の学習のみを続けていくと頭でっかちになり、実際に行動に移せなくなる方が非常に多いです。

また、無料の情報の中には無料という甘い響きに釣られた人々をカモにする悪質な情報もあふれています。

公務員の方にこういったケースに陥る方が多く、あげくの果ては成功しなかったり、失敗したりする理由を他人のせいにしがちです。

これではいつまで経っても成功しません。

不動産投資で失敗しないために大切なことは、「**まずは行動してみること**」と「**自己投資**」です。

百聞は一見に如かずで、まずは行動して、体験しなければわからないことは本当に多いです。

具体的に失敗しても大怪我にならない範囲でまずは物件を買ってみましょう。先ほど紹介した戸建てを現金で買ったり、少額のアパートを融資で買ったりしてみるのです。

早く始めた分だけ家賃収入として現金は貯まるし、返済が進めば借金はどんどん減り、資産が増えていきます。

一番コスパのいい自己投資は本を読むことです。書籍は、有料な分だけネット上の情報より濃い内容で、体系的に学びを進めていくことが期待できます。

他にも塾やスクールといった、より実践的で専門的な知識を得られる場に身を置くことも有効でしょう。もちろん、両者とも精査は必要です。

私も自己投資で費やした金額に応じてリターンが何倍にもなって返ってくることを理解してからは、自己投資にお金を費やすことをためらわなくなりました。特に不動産は大きなお金が動くので、知っているか知らないかでかたや数百、数千万円の利益を得たり、かたや破産に追い込まれるほどの負債を負ったりします。

時間はお金と同等かそれ以上の価値をもつものと考えると、無料に固執するがあまり、我流や粗悪な情報で無駄な時間を費やしたあげく失敗に向かってはいませんか。

「時間をお金で買う」というのは「成功者思考」ともいえます。**成功者思考を身に着けることで、成功への高速ラインに乗ることができます。**

このような従来の凝り固まった考え方から新しい有効な考え方にマインドセットすることが、実は、具体的なスキルを学ぶことより大切なことなのです。

副業規定に反しない方法はコレ！

最後にお伝えしたいのは、公務員であっても副業規定に違反せずに不動産投資ができるということです。一般職の公務員は国家公務員法の第１０４条により、所属庁の許可がなければ兼業はできません。

これを許可される要件が「人事院規則（営利企業の員等との兼業）」および、「人事院規則１１８（営利企業の役員等との兼業）の運用について」で次のように定められています。まず、自営に該当する基準および承認基準があります。一定の規模以上となる不動産などの賃貸や、太陽光電気の販売、それに農業などは自営に該当しますが、所属長の承認を得た場合においては行うことができます。

「不動産等賃貸について」については、次の基準があります（参考資料「義務違反防止ハンドブック」（人事院）http://www.jinji.go.jp/fukumu_choukai/handbookpdf）。

図5-4

●自営に該当する基準

イ　独立家屋の賃貸の場合……………………賃貸件数５棟以上
ロ　アパートなどの賃貸の場合………………賃貸件数10室以上
ハ　土地の賃貸の場合…………………………契約件数10件以上
ニ　駐車場の賃貸の場合………………………駐車台数10台以上
ホ　賃貸料収入が年額５００万円以上等

●承認基準

①兼業に係る業務を事業者に委ねることにより、職務の遂行に支障が生じないことが明らかであること
②職員の官職と当該兼業との間に特別な利害関係の発生の恐れがないこと
③公務の公正性、及び信頼性の確保に支障が生じないこと

①に関しては、不動産投資は管理会社に業務を委託できるなど外注化がしやすく、勤務時間中に不動産関係の業務をするようなことがなければ問題ありません。

②に関して、不動産に関わる部署に所属されている人なら投資できないエリアが出てくるかもしれませんが、エリアを広げれば秘匿性を保持しつつ投資できそうです。

③に関しても、嫌悪施設などを除く、一般の居住用の不動産を投資対象にしておれば問題ないでしょう。逆に、「衣・食・住」の「住」を司り、人々に快適な住環境を提供することは、社会的にも信用を高めることにつながると考えられます。

ここでのポイントですが、まず「自営」に該当する不動産賃貸業は、承認を得さえすれば行うことができるという点です。言い換えると「自営」に該当しない小規模な不動産賃貸は、承認を受けなくても良いと解釈ができます。

次に「自営」に該当する基準ですが、不動産所得の事業的規模判定の形式基準である、「5棟10室基準」と同じであることに加え、「賃貸料収入が年額500万円以上」というところです。したがって、所得税の申告では事業的規模と認められない場合でも、「自営」に該当し、承認が必要になる場合があります。

次に承認基準ですが、職務の遂行に支障が生じないことが明らかであり、物件の管理を第三者（親族を含む）に委ねることが要件となっています。

つまり、自主管理はNGとされているのです。これは当然の話で、自らの手がわずらわされる自主管理をしていては本業に支障をきたす恐れがあるからです。

以上をまとめると、人事院規則では規模が大きくなっても、職務遂行に支障がなく公務の公正性、及び信頼性の確保に支障がない等といった承認基準さえ満たしておれば、兼業は可能です。

そのほか、規模を拡大するためには、**家族を代表とした法人を立ち上げ、その新設法人で不動産を所有する方法があります**。

私のケースですと妻を代表とする法人と、父を代表とする法人を立ち上げました。その法人に融資を引いて、不動産の規模を拡大しています。

現職当時、私の名義では副業の規模に当たらない8室、賃料収入500万円以下の新築アパート1棟を取得したのみです。

みなさんも所属する職場の環境を考えたとき、どうしても許可を申請するのは難しく、規模の拡大をあきらめた方もたくさんいらっしゃると思います。

また、職場の同僚たちに対して後ろめたい気持ちのまま、「バレたらどうしよう……」と不安な気持ちを抱えながら、無許可で規模を拡大されている方もいらっしゃるのではないでしょうか。

それが家族の法人を立ち上げての規模拡大であれば、職場にも気を遣うことなく実践することができます。ただし、家族の法人で物件を所有することには、次の3つの問題があります。

①自分の名義ではない
②家族の同意を得られないとできない
③そもそも家族がいないとできない

①と②に関しては、家族との信頼関係を築くことポイントになります。

私の場合、父や妻とは良好な関係が築けていますが、それでも「不動産を買い進めて資産を築いていきたい」と相談をしたときには猛反対されました。

家族の同意なしでは、私の思い描く目標を達成できないとわかっていましたから、さまざまな資料を用意して、「不安だ」という要素は解決すべく調べ、とことん話し合っています。

その結果、家族を納得させたうえで不動産を始められたので、今では父も妻もプラスの収入ができたことに喜んでいます。

私の場合は一人っ子で、父の法人は私が引き継ぐことになりますし、妻とも別れる予定がないので問題はありません。

このように自分の名義でないこともクリアできていますが、やはり、家族との関係次第では①と②は難しい問題なのかもしれません。③に関しては「友人を代表者にする」ということも考えられますが、関係がこじれた時のリスクは家族よりも大きいのでオススメできません。

まとめ

不動産投資を主軸にして
経済的な安定を得よう。
そのためには、特徴をよく理解し
仕組みをつくって
継続することが重要！

不動産投資の落とし穴①

悪質なデート商法も……新築区分マンションの甘い罠

不動産投資と聞いて多くの人が思い浮かべるのは、新築区分マンション投資・新築ワンルームマンション投資ではないでしょうか。

都心の新築物件であっても価格は手ごろで2000万円台からあり、年収が500万円程度であっても長期ローンが組めるのがポイントです。

そのため、さまざまなノウハウ本が出版され、多くの販売会社（不動産業者）が参入しています。序章でも書いたとおり、私が働いていた時も、よく職場に営業電話がかかってきていました。

みなさんも経験あるのではないでしょうか。本著を読んでいる人の中には、もしかしたらすでに新築区分マンション投資を購入してしまっている人もいるかもしれません。

営業マンから「マンション投資に興味がありませんか？」と声を掛けられ、うっかり会ってしまったら強引な営業にあって断り切れなかった……というのが最も多いパターンで、なかには詐欺的な話もあります。

代表的なのは、婚活アプリなどで知り合った異性から不動産投資を持ちかけられる手口です。

恋愛感情を利用して「2人の将来のために投資をしよう」といった誘い文句で物件を強引に買わせるため「デート商法」と呼ばれています。かつては男性がターゲットになっていましたが、今は女性も狙われるそうです。とくに独身の人はご注意ください。

さて、このような強引な営業手法で売られている区分マンションが、投資家にとって良い物件であるはずがありません。

その多くが所得税の節税対策になることや、一括借上げ（サブリース契約）による安定収入をアピールしています。しかし、よくよく聞いてみると、業者の利益がたっぷり乗った、まったく儲からない投資であるケースがほとんどです。

まず、価格が手ごろといっても、新築は中古と比較するとかなり割高です。その理由は、土地の仕入れ・建築・販売会社・販売代理店など複数の業者がかかわり、それぞれの利益が数百万円、場合によっては１０００万円以上乗せられているからです。

さらにいえば、中古の区分マンション市場は、賃貸ニーズを見据えて建てられているわけではなく、マンション用地を仕込むことができれば建てる……といった形で建てられるため、明らかに供給過剰です。

その結果、よっぽど立地が良くない限り空室に悩まされる物件が続出しています。不動産投資の「デメリット①」でも書きましたが、区分マンションは、一棟所有と違って退去があれば、家賃が1円も入りません。

収入がないにもかかわらず、ローン返済・管理費・修繕積立金・固定資産税・都市計画税といった支払いが発生するため赤字経営に陥りやすいのです。

そうしたリスクを下げるため、管理会社とサブリース契約を結びます。

サブリースであれば、空室があっても家賃が入るという取り決めになっていますが、契約内容をよく見れば「2年ごとに家賃の見直し」「契約を容易に解除できる」など、オーナーに不利になっています。結局のところ、空室が続けばサブリース契約が打ち切られ、毎月の経費やローン返済を自分の給与で補てんするという、完全な赤字経営に陥ってしまうのです。

年金を目的に不動産投資を行う場合は、運用期間中のキャッシュフローは求めずに、ローンを完済したあとの収入源を期待するケースがほとんどです。ただ、30年程度のローンを完済したときに、土地を実質的に持っているわけではないので、その物件の価値がなくなっている可能性も十分にあります。

また、所得税の節税対策をうたう不動産業者は多いですが、所得税を圧縮する名目の場合、赤字を出して還付されるので、そもそも儲かっていない物件を買っている裏返しなのです。

「生命保険の代わりになる」というのは、団体信用生命保険（団信）という借り手が死亡したり、高度障害状態になったりしたときに、残りのローンが弁済される保障制度を指します。

これはたしかにメリットであるものの、これだけを目的に不動産投資を始めるほどではないと思います。

新築ワンルームマンションをだまされて購入している人が、かなりたくさんいらっしゃるのが現実です。

すでに購入してしまっている人は、損切りすることが可能ならば売却してしまうことをオススメします。早く清算して、次の投資で挽回していきましょう。

資金的に損切りが難しい場合は、サブリースをあてにせず、自ら空室が出ないようにできうる限りの方策を打てるようにしましょう。そうして残債を減らしていって、どこかで売り抜けられるタイミングを探っていきましょう。

不動産投資の落とし穴②

親が地主なら要注意！相続税対策の新築アパートに手を出すな

相続税対策には不動産投資が最適……そのように営業されて、所有する土地に新築アパート・マンションを建てて、その後、空室や修繕費に苦しむ地主さんが後を絶ちません。

よくあるケースとして、農家をしている地主の祖父や祖母、または両親が、自分の知らないうちに営業をされてアパートを建ててしまったという話です。

ご存じない方に説明をしますと、相続税は金額が多いほど税率が上がる超過累進課税が採用されています。もっとも高い税率は55％で、相続財産が現金だけというケースでは税率が高くなります。

それが相続財産を不動産にすると評価が下がります。さらに、その不動産を人に貸し出すと「貸家建付地（かしやたてつけち）」となり、所有者の利用が制限されることから、相続税評価額がさらに下がるのです。

土地をたくさん所有する地主さんに対して「アパートやマンションを建てると相続税対策になりますよ」と営業されるのはこのためです。

しかし、借金してアパートを建てたものの、粗悪な物件を買ってしまった、同じような物件が近隣に乱立して供給過剰になってしまった、空室が埋まらないなどの状況に陥り、「これだったら普通に税金を支払っておけばよかった」と、後悔する人もたくさん出ているのが実態なのです。

これも、新築区分マンションと同じ構図があり、とにかく営業マンは「契約を取ること」だけに注力します。彼らは不動産を売るプロであって、不動産のプロではありません。前述しましたが賃貸ニーズを調べることもなく、過剰供給であっても平気でどんどんアパートを建てさせます。

地方の国道沿いに木造アパートが何十棟もまとめて建っている風景が見られますが、まさしく営業マンが契約を取りまくった結果なのです。

ここでもサブリース契約が売り文句となり、「30年一括借上げします！」などといって、空室リスクに対しての不安を払拭させますが、ニーズがなければ借上げ家賃がどんどん下がっていきます。

「こんな少ない家賃ではやっていけない」とサブリース契約を解除したところで、賃貸ニーズの少ない地方で、空室を埋めるのは至難の業です。

入居付けに必要な広告費は、都内であれば家賃の1カ月程度、郊外や地方では2カ月程度であるところ、3カ月、4カ月を積まないといけないエリアもあります。さらにフリーレントといって家賃無料期間を設けるなど、オーナーにとって不利な条件でなければ入居がつかないというケースも多いです。

不動産投資の「デメリット④」で「高額な修繕費の負担」をお伝えしましたが、アパートメーカーで新築した場合、その後のメンテナンスも同じメーカーに依頼しなくてはいけない契約になっていることもあります。

任せておけて便利な反面、高額な修繕費を請求される恐れがあります。悪質なケースでは「10～15年は使えるはずの住宅設備を数年ごとに交換される」「きちんと工事を行っていないにもかかわらず請求書が送られてきた」という話もあります。

これらは社会問題として大きくメディアにも取り上げられ、政府も対策に乗り出していますが、勉強不足だったり、「自分の物件に限っては」と根拠のない盲信だったりが原因で被害者が後を絶たないのが現状です。

たしかに不動産投資は相続税対策になります。

しかし、物件の選び方、業者の選び方を間違えてしまえば、破たんしかねないほどの大きな失敗をする可能性もあります。

とくに親御さんが土地を所有している場合は気をつけてください。業者の甘い言葉にだまされず、第三者の意見もとり入れながら十分検討するようにしましょう。

第6章

公務員座談会

Yさん　52歳

地方公務員、市役所勤務

脱公務員大家　36歳

元教員、東京都に勤務

Kさん　42歳

自衛官、現在の勤務地は大阪

Sさん　36歳

国家公務員、霞ヶ関勤務

※本章で紹介する方の副業・投資は、職場の許可を得ている、もしくは、副業規定に抵触しない形で行っております。

■公務員はホワイトでなくブラック!?

今日は公務員をしながら副業・投資を行っているみなさんにお集まりいただきました。現在のお住まいと、お仕事の内容をお聞かせください。

私は神奈川県に住んで、某市役所に勤務しています。仕事内容を簡単に説明すると市街地再開発事業などのまちづくりを行うような部署にいます。

私の勤務先は霞が関です。農林水産省にいまして、牛・豚・鶏などの家畜が病気にならないよう、日頃から農家さんに気をつけて欲しいルールを決めて守ってもらうようにすること。そして、万が一病気になってしまった場合は、病気がまん延しないよう最善を尽くすのが仕事ですね。くわえて国会の対応もあります。住んでいるのは千葉です。

自分は自衛官です。住まいは大阪ですが、全国を転々としています。仕事内容は配属先によって変わりますが、現在は事務的なところを担当しています。

みなさん、共通の公務員というお仕事ではありますが、仕事内容は多種多様です。働いていて大変なことはありますか？

まちづくりというと聞こえがいいですが、簡単にいえば地上げみたいなことをしていまして。住民説明会を行って協力が

得られるように調整をとります。その過程で市民に怒鳴られるのなんて日常茶飯事ですよ。

　実際のところ私自身はもう慣れてしまって、まったく苦痛ではないのですが、一般的にはメンタルが強くないと務まらない仕事内容ですね。常にもめている状況で誰もやりたがりませんから。労働時間でいえば、きちんと休みもとれるのでホワイトだと思います。

Sさん
　住民説明会はときおりニュースでも見ますが、Yさんは精神的に過酷なお仕事ですね。私のほうは肉体的に激務で、はっきりいってブラックですよ（笑）。今は働き方改革とか言われていますが、最も立ち遅れているのが霞が関です。深夜残業は当たり前で、残業が月100時間を超えることもざらにあるので体を壊す人がすごく多いですね。

脱公務員
　ええ、まったく……。私の職場も同じような環境でしたよ。

Kさん
　自分はそこまで大変だと感じたことがありません。仕事上の苦労話をいうと、ひとたび災害が起これば土日もなく、昼夜も関係なしに働かなくてはいけませんが。

Yさん
　たしかに自衛官はそうですよね。

Sさん
　我々も災害があれば同様です。豪雨で畜舎が流されたら、予算を立てて早急に対応しなくてはいけませんし、そうなると土日もありませんから。

Kさん
　でも、そのような仕事であることは理解していますから。たしかに辛い部分はありますが、もう働きたくないと思ったことはありません。

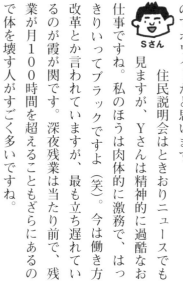

■不動産・株式・民泊……副業・投資の種類はさまざま

何をきっかけに副業・投資を始めようと思われたのでしょうか。現在されている副業・投資の内容も合わせてお聞かせください。

私が行っているのは不動産投資です。そもそも仕事を始めた当初から、50歳くらいになったら勤め人を終えたい願望がありまして。

不動産投資を選んだ理由は単純に不動産が好きだから。公務員として私の仕事がまちづくりですから、不動産に通じる知識があったのも後押ししています。でも、役所の人間は誰も共感してくれないでしょうね。職場では誰にも話していません。

私の場合、年齢的にはまだ無理がききますが、10歳以上はなれた上司であっても朝6時に登庁して夜遅くまで働くことがよくあります。

すなわち今のブラックな勤務状況が10年後も続くわけです。そんな日々に疑問を抱いたのが投資のきっかけでした。このような働き方をしていたら、そのうち体を壊すんじゃないかと。

今すぐ辞めようとは思わないけれど、この先もっと労働条件が悪化していくことも予測されますから、どうしても給料とは別の収入を得たいと思いました。

我々の仕事は世間からの風当たりも強いですし、将来を考えると老後２０００万円不足問題もあります。やはり自身で資産形成をしておくのは必須だと判断しました。

何をやっているのかといえば、資産運用をメインにした投資です。具体的には積立ＮＩＳＡ、ｉＤｅＣｏ（個人型確定拠出年金）、米国株のＥＴＦ投資を行っています。

たまたまとある方のブログを見て株式投資のことを知るようになり、５年前から始めています。

自分の場合は将来というよりも、その当時にお金がなかったことが今につながっています。というのも自分は結婚が早くて、子どもができたのも20代と若かったのです。まだ給料も低いため単純に金銭的に厳しかったです。それに転勤族ですから引っ越し貧乏というのもありました。

そんなときに上司が不動産投資をやっていると知り、自分も本業以外でお金を得る手段が必要だと感じました。それで28歳のときに区分マンションを買ったんです。ですから自分の場合は「将来のため」というよりは、「今の生活に余裕を持ちたい！」と望んだのがきっかけなんですよ。

そこから10年間くらい不動産投資を行っていたのですが、今は5年前から始めた民泊を副業にしています。

民泊というのは、住居を旅館に転用する宿泊施設の一種です。数年前は「闇民泊」といって、非合法の民泊が社会問題になりましたが、今は法整備がされており、合法の民泊しかできません。もちろん自分も許可を取得して民泊を行っていますよ。

みなさんバラバラな副業・投資をされているのですね。具体的にどんな手法なのか、どのように学んだのかも含めて、もう少し詳しく教えていただけますか？

地元である神奈川、東京を中心に1棟不動産を購入しています。新築、中古は問いません。始めたのは5年前ですが、購入するまでに1年くらいかかりました。

いざ不動産投資をしようと決めても、なかなか踏ん切りがつかず買えません。それで趣味などを一切やめて不動産投資に向き合うことにしました。本も１００冊以上は読んでいます。高額な塾にも行きましたし、不動産屋さんもたくさん巡りました。

そうやって週末は、朝から晩まで不動産投資にかかわる生活をしていたら買えるようになって、３年間くらいで規模を拡大しました。今も情報収集や勉強を続けています。不動産の専門家である宅建士の資格もとりました。

すごいですね！　むしろ私はできるだけ時間をかけない形で行っています。種銭を貯める重要性を知って、まずは節約。どういった姿勢でやっていくのかといえば、短期の売買ではなく長期的に買い増やしていきます。

基本的には失ってもかまわないお金を投資しています。本を2～3冊読んで勉強し、まずは積み立てＮＩＳＡから始めました。

私が使っているのはインターネットの証券会

社で、楽天証券とSBI証券です。銘柄はテーマ型ではなくてインデックス型が好きですね。

よく本には「全額株式ではなく債券でバランスをとって買いましょう」と書かれています。たとえば年齢分を債券にして、「株式70%、債券30%」といった割合があります。

しかし、私は額が小さいうちは、すべて株式へ投資をしてもいいと思っているんですよ。また公務員という仕事そのものが、安定的な債券みたいなものという認識もあります。

脱公務員　攻めと守りでいうと、「攻め」の姿勢ですね。

Sさん　その通りです。年間で投資できるお金を節約で捻出して、あとは機械的に行っていきます。私の場合は本とブログだけの独学なんですが、選ぶ対象がそれほど多くないので十分だと判断しました。

それに長期投資ですと、いちいちチャートを見る必要もなければ日々の値動きを追う必要もありません。自動積立設定にして放ったらかしにしています。

Kさん　みなさん、しっかり勉強されていて偉いですね！　自分の場合は勉強をしてからやるタイプではありません。

不動産投資については上司から聞いて「いいな」と思ったので、本を1冊だけ読んでから始めました。買い増ししていく過程でセミナーに行っています。

最初は区分のワンルームで、その後は1棟物件や中古の戸建ても買っています。そうそう、自分の場合は大量の本を読むよりも、セミナーで成功者のアドバイスを受けるケースが多いです。とくに不動産投資はセミナーがたくさんありますから。

不動産投資をスタートしてから、ある程度は外に出て学びましたが、民泊についていえば完全に独学です。民泊を知ったきっかけはセミナーですが、開業した5年前（２０１６年）はまだ早いタイミングで、情報がそこまで多くありませんでした。

それで民泊を実践している人たちとコミュニティをつくって、情報の共有をしながら手探りで行ってきました。民泊は事業側面が強いので、営業努力やお客様のための工夫がすぐに反映されます。宿泊されたお客様から喜んでいただけると大変うれしいですし、それが利益にもつながっていきます。今は厳しい時期ではありますが、そのうちまた活況を取り戻すでしょう。

■自己投資で得られるものとは？

脱公務員

みなさん、やり方は様々ですね。さらに追加でご意見を伺いたいのは「自己投資」についてです。

自己投資は最も費用対効果の高い投資といわれていますが、公務員はその重要性に気づいていらっしゃらない方も多いと思います。

みなさんは自己投資をされているのでしょうか。されているのであれば、どんなことをしていますか？

Yさん

不動産は高額ですから、払った以上にリターンがあれば50万円でも100万円でも惜しくはありません。ただし、何に投資するかの見極めは大事だと考えます。

Sさん

自己投資でいうと、本の費用対効果は高いですよね。あとは英語の勉強をしています。情報を得るにあたって今は英語が大事。最新・最先端の情報はいつも英語で発信されます。

そういう情報を手に入れられることは投資のみならず、人生のいろいろな場面で役に立ちます。個人的には、英語を学ぶことの費用対効果は大きいと思います。英語も独学なんですが、TOEICで970点を取れるようになりました。

脱公務員

え、独学ですか？

はい。英語を読んで聞くことができて海外のニュースサイトが読めたり、米国の経済ニュースが理解できたりすれば投資に役立ちます。それに映画を観賞するときは吹き替えや字幕の選択も必要なくなる。英語を学ぶことで人生がより楽しくなると考えています。

すごいですね！　自分なんて自己投資を考えたことすらない。セミナーには行きますが、いわゆる高額セミナーには参加したことがないですし、お金をかけていません。ただし、投資に対して時間はかけています。とくに人脈を構築するためには時間を惜しまずかけるようにしています。

なるほど、時間とお金はトレードオフですからね。お金か、あるいは時間かという選択もありますが、皆さんは何かしらの自己投資を行っているわけです。

このように副業・投資に取り組んでいるとはいえ、あくまで本業は公務員のお仕事です。やはり、両立させる難しさはありますか？

そうですね。先ほども言いましたが、土日はすべて不動産投資の活動に充てているため、実質休みがないようなもの。好きでやっている部分もあり、そこまで苦労は感じていませんが、副業といいながらも本業くらいの気合が必要です。ですから限られた時間で、やりくりしていくのが大変といえば大変です。

私の場合は激務なので短期投資はできないですね。仕事中にスマホでチャートを見ることはできませんから（笑）。

そこで、いかに時間をかけない仕組み作りに注力しています。その結果、私は積立式の長期投資というスタイルになりました。仕組みを最初につくってしまえば、あとは心理的な要素を排除して機械的に投資を行えます。

　それ以外は日々の節約ですかね。そもそも株式投資はある程度のスケールが必要で、1000万円くらいの種銭を準備しなければ副収入としてインパクトのある額に到達しません。まずはそこへ到達するように、投資の種銭のための節約をしています。苦労といえば、周り（特に職場）に株式投資に対する理解者がいないことでしょうか。

Kさん

自分はSさんと対極ですよ。とにかく民泊は手間がかかります。現在は妻の法人で行っておりまして妻の協力を得ています。しかし災害派遣になると自分がまったく動けませんから、そこの両立が課題ですね。

Sさん

そのような忙しい副業ですと、家庭内の治安維持はどうですか？

Kさん

ははは（笑）。幸い理解があり協力してくれるので助かっています。とにかく民泊は妻がいないとできないので、月に1～2回は家族サービスをするように心がけております（笑）。

脱公務員

やはり副業・投資は本業とのバランスが大事ですよね。しわ寄せが来やすいのは家族になってしまうのでしょうか。
　私も不動産投資を始めた初期のころは家庭へのサポートが疎かになり、振り返ると妻に大きな負担をかけたと反省しています。根本は家族の理解や幸せあってこそというのを忘れてはいけませんね！

■副業・投資は「お金儲け」だけではない

脱公務員　続いて副業・投資をして良かったことはなんでしょうか？

Yさん　私は職場に許可をもらった上で法人で不動産投資を行っていますから、会社経営をしている形になります。勤めている立場とは違って、経営がわかってくると楽しいですよね。

　また、仕事以外の人脈が大きく広がるのと同時に、活動の幅も広がるのは不動産投資をやってみたからこそです。それが良かったことですね。

Sさん　私の場合は「不労収入を得られた！」ということでしょうか。株式投資では

配当金があります。寝ていても収入があるのは初めての経験で感動しました。

　正直いって、私の受け取る金額なんて大したことないのですが、それでも労働以外の収入を得られるのはモチベーションが上がりますね。配当金は本当に放ったらかしで入ってくるものですから。

脱公務員
その嬉しさはよくわかります！

Kさん
良かったことに対して、自分の視点は2つあります。
　1つ目は副業からのお金を得ることで生活水準が上がりました。自宅のローンの支払いはすでに終わりましたし。今は妻に民泊経営をやってもらっていますが、基本的には妻は家庭に入って専業主婦をしています。あとは教育にお金をかけられたことですね。子どもには留学させてあげることができました。
　2つ目は人脈の形成と、自分の知識と経験が増えて、本業では得られない人としての成長ができたこと。これはお金を得ること以上にインパクトがあり、本当に大きいと感じます。

脱公務員
よくわかります。収入の面だけでなく、人生の幅を広げていくのも大きなメリットですよね。

■目標を達成して公務員を卒業

続いて、副業・投資での目標をお聞かせください！

50歳でリタイヤを目標にしていましたが、これがまもなく叶います。具体的には不動産投資での目標額純資産2億円を、おおむね達成したので次は物件の入れ替えを考え中です。

これまで、投資で収入が増えてもずっと同じ生活スタイルを続けて、ひたすら再投資をしてきました。おかげで自己資金も貯まったので、さらに大きな物件へ挑戦したい気持ちがあります。ただし、どこまでも規模拡大したいとは思っていないですね。

私はまだまだ道半ばです。まずは目標として老後２０００万円不足を解消し、退職金・年金に頼りきりにならない生活でしょうか。あと30年あればこれは達成できると見込んでいます。

こうして労働収入と不労収入の複線化を行っていき、不労収入だけで生活の維持はできなくても、不労収入が杖のように支えになってくれたら。まだ今は杖どころか糸にすらなっていませんが、そのうち収入を支えてくれるようになるのが理想です。

欲をいうと、ある程度まとまった利益を得られれば、それを軸にして自分のやりたいことを一つでも多く実現したいですね。年に1回は家族で海外旅行に行くとか（笑）。

脱公務員　すごくいいですね！

Kさん　自分の場合、目標は常に変わるんです。今考えているのはリタイヤです。子ども2人が大学を卒業するのが1年後。その時点で今の公務員としての収入を副業から得ているのが目標ですね。

「これがやりたい！」というのはコロコロと変わりますが、今は好きなことを仕事にしたい気持ちが強いです。具体的には民泊でビジネスをしたいです。

現在の状況が落ち着いたらその礎を、この数年間でつくっていきたいですね。

Sさん　Kさんが民泊を大好きなのがよく伝わってきます（笑）。

脱公務員　私自身は2年前に退職していますが、みなさんもリタイヤ願望があるのですね！

Yさん　私としては、決して公務員の仕事が嫌で辞めたいというわけではないんですよ。ただ勤めている状況に満足しないというか……。

脱公務員　よくわかります。公務員の仕事に嫌気をさして辞めるわけではないというのは、私も同じでした。

■必要なのは視野を広げること何もしないリスクもある！

脱公務員

それでは最後に、本書の読者へメッセージをお願いいたします。

Yさん

公務員の仕事は世の中になくてはならない仕事ですし、様々な貴重な職種があります。しかし、偏重している狭い世界であるのも事実です。職場にずっといると自我が埋もれてしまうし、同調圧力もあります。

だからこそ、ぜひ視野を広げてほしいです。このまま自分の生活ができるのか。本当に満ち足りているのか。収入の観点でも、仕事という観点でも、人生の設計の意味でも、真剣に将来のことを考えてください。そうすると「何かをしなくてはいけないぞ！」という気づきがあると思います。

Sさん

私はまだ偉そうなことをいえる立場ではありませんが、ただ一つ伝えたいのは「何もしないリスク」があるということ。公務員は比較的に安定した職業です。

それに対して副業・投資は不確実な世界でもあります。尻込みしてしまうこともあるでしょうが、リターンがある分、リスクもあるのです。ですから、まずは少額からの投資をお勧めします。

投資信託であれば少額からスタートできます。

安定した生活から、あえて一歩踏み出す勇気をもってほしいですね！

脱公務員　公務員の方はそこに気づきにくいですよね。とても大事な視点だと思います。

Sさん　あと、公務員が本当に安定しているのか？　これも考えたほうがいいでしょう。月給25万円だとしたら、その25万円は安定しているかもしれないけれど、その中身がどうなのか把握しておくべきです。

また、民間の給料が下がれば公務員の給料も下がります。そういったリスクもあるのに、思考停止して気づいていない人が多いように思えます。

Kさん　そうですね。しかし、この本を手に取って読んでいる時点で、すでに投資に興味があるということですよ。自分を変えたい思いがあれば、あともう一歩踏み出すだけ。

Yさん　とりあえず、やってみるといいですよ。一回分のボーナスを競馬ですったつもりで投資してみる。すると見えてくる世界がありますから。

脱公務員　みなさんの想いと私の想いも同じです。本書を読んでいただいた方には「知らなかった」「あの時こうしておけば」と後悔してほしくはありません。視野を広く持って、まずは一歩を踏み出す。そうやって人生の選択肢をつくっていってもらいたいです。

座談会にご参加いただいたみなさん、本日は貴重なご意見をどうもありがとうございました！

価値ある人生の選択

今、話題の「ＦＩＲＥ」!?セミリタイヤ後の私の生活

今、労働に縛られずに自由な生活を夢見る人が増えており、欧米を中心に世界的流行を見せるＦＩＲＥ理論は日本でも話題になっています。ＦＩＲＥとは「節約し、お金を貯め、そのお金を投資に回し、お金にお金を稼いでもらい早期リタイアする」というものです。

私は今、自分の好きな仕事として「大人に向けた投資の教育家」と、「投資家」を肩書として活動していますが、公務員時代より圧倒的に労働時間は少なくなっており、自分のペースでセミリタイヤ生活を送っています。

ここではセミリタイヤしてみた所感などをお伝えしたいと思います。

２０１９年の３月に、10年間勤めてきた公務員の仕事を辞めました。もちろん、

仕事を辞めることに不安がなかったわけではありません。

そもそも私が不動産投資をスタートした時点では、「不動産投資を軸とした投資からの収入が、年収の3倍になったら辞める」と決めていました。

なぜ年収の3倍なのかといえば、不動産投資からの収入は借入れの返済のうえに成り立っています。さまざまなリスクを考慮すると「年収と同等程度」では足りないと考え、「年収の3倍」という目標数値を設定したのです。

しかし実際には、想定よりも若干早く退職を決断しました。というのも、妻が育児ノイローゼからの「産後うつ」になり、今すぐにでも妻に寄り添ってサポートする必要があると感じたからです。

本業での私の代わりはいくらでもいますが、「家族を支えるのは私以外にいない！」という強い想いがありました。

公務員を辞めた後は、基本的に家にいながら執筆や投資活動をしていましたので、何かあれば私が家事のサポートにもあたれるようになり、妻の病状も日に日に快復に向かいました。

私は「公務員を辞めても、生活できる地盤を作っておいて良かった」と心から思いました。

もう一つ、リタイヤできて良かったことがあります。そのきっかけは10年前の東日本大震災です。

あのとき私は6時間目の授業中で教壇に立っていました。教室は3階にあり、これまで体験したことがない揺れが私たちを襲いました。不安がり泣き叫ぶ子もいました。そんな子どもたちを落ち着かせ、「自分の命に代えても子どもたちを守らねばならない」とあそこまで切迫して職責を全うしようと思わされたのは初めてのことでした。

地震がおさまってからは、児童とともに親御さんのお迎えがあるまで学校で過ごしていました。22時ごろ最後の児童の引き取りが終わった後も、帰宅困難者のために学校の体育館を開放して、非常食や毛布を朝まで配って回ったことを鮮明に覚えています。

あの当時、私以外にも多くの公務員の方が、自己や家族を顧みず奔走し、命を投げ打ってまで、事態の収拾に努めていました。私は、いち公務員として、公共の福祉のため、職務に全力で取り組まれた方々には感謝の念が堪えません。
しかし本音を申し上げると、当時の私は独身でしたが、もしも守るべき家族がいたならば、「家族のもとへいち早く駆けつけたい」と思ったでしょう。
有事が起きた際に「まずは自分や自分の家族を第一に守れる状況を作りたい」……私が家族をもったときの素直な気持ちでした。

もしも1年後に、あなたがこの世にいないとしたら、いったい何をして過ごしたいですか？

私なら、「家族と一緒に過ごす時間を大切にしたい」と答えます。そのために「いざというときに働かなくても生活できる、最低限の収入や貯えを本業以外で用意できていたら大いに助かる」ということを自分の経験からみなさんにお伝えしたいと思いました。

私の主観によるエピソードをつらつらと書いてきましたが、すべての公務員の方に、早期リタイヤを奨励するわけではありません。「仕事に使命感をもち、定年まで働く」と自らの意志で職務を全うされる方を心から尊敬します。

しかし、自分の意志や本音は違うところにありながら、経済的な理由だけで嫌々働いているのであるならば、「その現実をずっと甘んじて続けるのか」自分に問いかけるべきです。

コロナ禍で、今一度自分の生き方を見直す人々が増えてきています。大切なのは、**「自分の人生を自分でしっかりコントロールすること」「選択できるという自由を獲得すること」。そのためには経済的自立が必要であり、その手段として投資を今すぐはじめようと本書ではお伝えしています。**

いろいろな考え方、生き方がある中で私のセミリタイヤ後の所感も、一つの参考にしていただければ幸いです。

おわりに

最後までお読みいただき、ありがとうございました。

公務員を早期退職したと同時に前著『失敗のしようがない「新築」投資の教科書』（ぱる出版）を出版し、多くの方に読んでいただいたご縁で「土地から新築不動産投資を学びたい！」という方々へ向けたサポートを始めました。

そのとき、私の「脱公務員大家」というペンネームから、実に多くの公務員の方から相談があったのです。

そこで不動産投資だけでなく、公務員のライフスタイル全体をサポートする活動ができないものかと考えた結果、この度の2作目を出版する運びとなりました。

私は教育の世界が好きです。10年間小学校教諭として教育に携わり、今は第2の人生を歩んでおりますが、教師として育ててもらった恩は教育界にお返ししなければ……そう常々思っています。

日本は他の先進国に比べ、まったくお金の教育ができていないと言われ続けています。

私も一教育者として、その問題に切り込んでいかなければいけない、そう使命感を抱いていました。

たとえ私個人は微力であっても、この本を通じて学んだ内容を、他の方や次世代を担う子どもたちに読者の皆様が伝えていってくだされば、その影響力は何十倍、何百倍にもなっていくでしょう。

本書がそうしたきっかけになれば、それこそ著者冥利に尽きます。

なお今回の出版に当たり、プラチナ出版の今井様とライターの布施様、漫画家のいぢちひろゆき様、デザイナーの井関ななえ様には多大なるお力添えをいただきました。この場を借りて御礼申し上げます。


最後にお伝えしたいことがあります。

「今の自分の生活に不安がある公務員の方」

「投資に興味があっても周りに打ち明けられず悶々としている公務員の方」

「経済的な自立を目指す公務員の方」

そんなあなたに向けて、公務員のためのコミュニティを立ち上げようと思います。

職場だとどうしても話しづらい投資に関する話を心置きなく話し合える公務員の仲間が

できると心強いのではないかという現職時から抱いていた想いをいざ実行に移します。

コミュニティの案内については、次の書籍購入者特典のQRコードからご確認いただけます。情報交換や学びの場に興味がある方は、ぜひ登録をお願いします。

皆様の人生がより良いものになることを願って筆をおきたいと思います。

この本を読み終えた公務員のみなさん、さあ今すぐ投資をはじめましょう！

脱公務員大家

2021年5月吉日

書籍購入者特典

【参加無料! 公務員限定 Facebookグループ&LINEグループにご招待!!】

- 公務員の公務員による公務員のためのコミュニティです
- 公務員方以外の参加をお断りします(元公務員は参加可)
- 職場で話せない投資悩み相談
- 知っておくべき資産運用の話
- 公務員に関する最新ニュース配信
- 公務員だけのオフ会企画
- 脱公務員大家セミナー情報

などなど

私自身が公務員時代に欲しかった公務員同士の投資や資産運用の相談の場となるコミュニティを作ります。

公務員の方なら入っておいて損はないと思いますので、右のQRコードからみなさんのご参加お待ちしてます!

●著者紹介

脱公務員大家（土肥孝行）

（だつこうむいんおおや　どひたかゆき）


教育家・不動産投資家。1985年生まれ。福井県越前市出身。

大学進学時に上京し、その後東京都で地方公務員として社会人生活をスタート。

「公務員＝一生安定」という考えに疑問を持ちながら、結婚、出産という人生の節目に家族の将来を真剣に考え始める。資産運用について学び始め、株式投資、投資信託、FX投資などひと通り経験した中で不動産投資にウエイトを置く。不動産投資を進めているうちに、買ったと同時に勝ちが決まる投資法「土地からはじめる新築不動産投資」に行き着く。土地から新築を建てていき、首都圏でも利回り10％以上をコンスタントに達成し、中には12％を超えるものも。

2019年にセミリタイヤしてからは、一般社団法人新築不動産投資協会、土地からはじめる新築不動産投資スクールを主催し、セミナー等でこれまでに1000名以上に新築不動産投資について講義を行う。

また、教員だった経験を活かして経済的に自立したい公務員に向けてセミナーやコンサルティングを行い、今回公務員向けのコミュニティも立ち上げる。近著に『失敗のしようがない「新築」投資の教科書（ぱる出版）』がある。

【連絡先】：datsukoumuin@gmail.com
■LINE ID：【@bkt5051m】
■URL：https://line.me/R/ti/p/n-npyN1G2m
■新築不動産投資協会ホームページ
http://www.shinchiku-kyokai.com/about.php
■Facebook
https://goo.gl/7tmxRN

編集協力　布施ゆき

公務員はいまスグ投資をしなさい!!

2021年6月16日　初版発行

著　者　脱公務員大家（土肥孝行）
発行人　今井　修
印　刷　株式会社日本制作センター
発行所　プラチナ出版株式会社
〒104-0031　東京都中央区京橋3丁目9-8
京橋白伝ビル3F
TEL　03-3561-0200　FAX　03-3562-8821
http://www.platinum-pub.co.jp

ISBN 978-4-909357-69-4